T0002622

Diseño de la colección: Gerardo Domínguez

Editorial EDAF, S. L. U.
Jorge Juan, 68. 28009 Madrid, España
Teléf.: (34) 91 435 82 60
http://www.edaf.net
edaf@edaf.net

Algaba Ediciones, S. A. de C. V.
Calle 21, Poniente 3323. Entre la 33 Sur y la 35 Sur
Colonia Belisario Domínguez
Puebla 72180, México
Teléf.: 52 22 22 11 13 87
jaime.breton@edaf.com.mx

Edaf del Plata, S. A.
Chile, 2222
1227 Buenos Aires, Argentina
edafdelplata@gmail.com - fernando.barredo@edaf.com.mx
Teléf.: +54 11 4308-5222 / +54 9 11 6784-9516

Edaf Chile, S. A.
Huérfanos 1179 - Oficina 501
Santiago - Chile
comercialedafchile@edafchile.cl
Teléf.: ++56 9 4468 0539 / +56 9 4468 0537

Enero de 2024

ISBN: 978-84-414-4238-2
Depósito legal: M-33586-2023

Impreso en España Printed in Spain

Gráficas Cofás. Pol. Ind. Prado Regordoño. Móstoles (Madrid)

Carne de Zen, Huesos de Zen

ANTOLOGÍA DE HISTORIAS ANTIGUAS
DEL BUDISMO ZEN

edaf

MADRID - MÉXICO - BUENOS AIRES - SANTIAGO

2024

Índice

Presentación

El primer patriarca zen, Bodhidharma, trajo el zen desde la India a la China en el siglo sexto de nuestra era. De acuerdo con su biografía, escrita en el año 1004 por el maestro chino Dogen, después de haber transcurrido nueve años desde su llegada, Bodhidharma deseó volver a su país natal, y congregó a sus discípulos para comprobar hasta qué punto habían comprendido sus enseñanzas.

«Según mi parecer», declaró Dofuku, «la verdad está más allá de la afirmación y la negación, ya que esta es la forma en que se mueve».

Bodhidharma replicó: «Obtuviste mi piel».

A continuación, la monja Soji expresó su opinión: «Creo que es como la visión de Ananda con respecto a la Tierra del Buda: se la ve una vez, y jamás de nuevo».

Bodhidharma dijo: «Obtuviste mi carne».

Seguidamente, Doiku manifestó: «Los cuatro elementos —lo luminoso, lo aéreo, lo fluido y lo sólido— están completamente vacíos, y los cinco Skandhas no existen. Tal como yo lo veo, la única realidad es la nada».

Bodhidharma comentó: «Obtuviste mis huesos».

Por último, Eka se inclinó reverentemente ante su maestro y permaneció donde estaba sin decir palabra.

Bodhidharma dijo: «Tienes mi tuétano».

El zen de los antiguos era tan puro, que su recuerdo se ha conservado como un tesoro a lo largo de los siglos. He aquí fragmentos de su piel, de su carne y de sus huesos, pero no de su tuétano, que nunca se encuentra en las palabras.

El carácter abierto del zen ha inducido a muchos a pensar que sus fuentes se remontan a los tiempos anteriores al Buda (500 a. de C.). El lector podrá juzgar por sí mismo, pues tiene aquí reunidos, por primera vez en un libro, las experiencias zen, los problemas de la mente, las etapas de la toma de conciencia y el testimonio de una enseñanza similar que la precede en muchos siglos.

Las 101 historias zen que componen este libro fueron publicadas por primera vez en 1939 por *Rider and Company*, Londres, y *David Mckay Company*, Filadelfia.

En estas historias se narran experiencias verídicas de maestros zen chinos y japoneses a lo largo de un periodo que abarca más de cinco siglos.

La presente edición de este texto en lengua castellana ha sido posible gracias a tres personas.

Paul Reps, compilador de las historias, gran conocedor del budismo zen y autor de *Zen Telegrams, Square Sun Square Moon, Unwrinkling Plays* y *10 ways to Meditate*.

Nyogen Senzaki fue un estudiante budista de renombre internacional. Nacido en el Japón de padres chino-japoneses, fue abandonado por estos en un campo y recogido por un monje budista, que fue su primer maestro. Más tarde,

Senzaki se convirtió en un «monje sin hogar» y vagabundeó por todo el Japón, tras lo cual se estableció definitivamente en California. Su colaboración ha sido fundamental a la hora de dirimir criterios idiomáticos de la compleja caligrafía oriental.

Ramón Melcón López-Mingo, gran conocedor y estudioso de las religiones y en particular del budismo zen, ha vertido al castellano estos manuscritos con la agudeza lingüística que le caracteriza.

Ha redactado igualmente 60 notas a pie de página de un interés fundamental para la total comprensión histórica de la obra.

Con todo ello, la presente versión en lengua castellana pasa a ser una de las más completas editadas hasta ahora, tanto en nuestro continente como fuera de él.

Prólogo

Estas historias fueron vertidas al inglés a partir de un libro titulado *Shaseki-shu* (Colección de la Piedra y la Tierra), escrito a finales del siglo XIII por el maestro japonés Muju («el desheredado»), y de anécdotas de monjes zen extraídas de varios libros publicados en el Japón a comienzos del siglo XX.

Para los orientales, más interesados en el ser que en los negocios, el hombre autorrealizado ha sido siempre merecedor del máximo respeto. Se trata de alguien que se ha propuesto abrir su consciencia del mismo modo que el Buda lo hizo.

Estas historias hablan de tales autorrealizaciones.

Lo que sigue está adaptado del prefacio a la primera versión inglesa.

El zen puede ser llamado el arte oculto de Oriente. Surgió en la China con Bodhidharma, quien llegó allí procedente de la India en el siglo XII. Se lo ha descrito como «una tradición especial fuera de las escrituras, más allá de las palabras y las letras, apuntando directamente a la esencia del hombre, viendo en el interior de la propia naturaleza».

El zen se conoce en China como ch'an. Los maestros ch'an y zen, en lugar de convertirse en seguidores del Buda, aspiran a ser sus compañeros y alcanzar la misma afinidad de sentimiento con el universo que lograron el propio Buda o Jesucristo. El zen no es una secta sino una experiencia.

La costumbre zen de indagar en la propia naturaleza por medio de la meditación, con su total indiferencia por el formalismo, con su insistencia en la autodisciplina y la vida sencilla, ha ganado últimamente el apoyo de la nobleza y las clases dirigentes del Japón, así como un profundo respeto por parte de todas las escuelas filosóficas de Oriente.

Los dramas *No* son historias zen. El espíritu del zen ha venido a significar no solo paz y conocimiento, sino también devoción por el arte y por el trabajo, la expansión de la alegría que brota a torrentes con la apertura de las puertas de la intuición, la expresión de una belleza innata, el intangible encanto de lo inconcluso. El zen arrastra muchos significados, ninguno de los cuales puede ser definido satisfactoriamente. Si fueran definibles, no serían zen.

Se ha dicho que si vives tu vida con arreglo al zen, no tendrás miedo ni dudas, ni anhelos innecesarios ni emociones exageradas. Los actos egoístas, los ademanes poco liberales, no te turbarán. Servirás a tus semejantes con humildad, llenando tu vida de benevolencia y observando tu paso por este mundo como el pétalo que se desprende de una flor. Sereno, gozarás de la existencia en un perpetuo estado de bienaventurada calma. Este es el espíritu del zen, cuyo ropaje externo lo constituyen esos miles de monasterios, monjes y sacerdotes de la China y el Japón, con toda su riqueza y su prestigio, pero que en su ánimo más hondo trasciende todo formalismo.

El estudio del zen, el despertar de la íntima naturaleza de cada cual, no ha sido tarea fácil en ninguna época ni en ninguna cultura. Muchos maestros, genuinos unos, falsarios otros, han asistido a los estudiantes en su búsqueda de la verdad. Ha sido a través de innumerables aventuras zen, siglo tras siglo, como estas historias se han desarrollado.

1. La taza de té

Nan-in, un maestro japonés de la era Meiji (1868-1912), recibió cierto día la visita de un erudito, profesor en la Universidad, que venía a informarse acerca del zen.

Nan-in sirvió el té. Colmó hasta el borde la taza de su huésped, y entonces, en vez de detenerse, siguió vertiendo té sobre ella con toda naturalidad.

El erudito contemplaba absorto la escena, hasta que al fin no pudo obtenerse más. «Está ya llena hasta los topes. No siga, por favor».

«Como esta taza», dijo entonces Nan-in, «estás tú lleno de tus propias opiniones y especulaciones. ¿Cómo podría enseñarte lo que es el zen a menos que vacíes primero tu taza?».

2. Un diamante en el barro del camino

Gudo fue el maestro del emperador de su época. Sin embargo, solía viajar solo como un mendigo errante. En cierta ocasión, yendo de camino hacia Edo[1], corazón político y cultural del sogunado, acertó a pasar por una pequeña aldea llamada Takenaka. Había empezado a anochecer y llovía copiosamente. Gudo estaba calado hasta los huesos. Sus sandalias de paja se habían deshecho. Al pasar entonces por una granja en las afueras del pueblo, reparó en la presencia de cuatro o cinco pares de sandalias que había en una ventana, y pensó que bien le vendría comprarse unas secas.

La propietaria de las sandalias, viendo cuán empapado estaba Gudo, le rogó que se quedara a pasar la noche en su casa. Este aceptó de buena gana, dándole las gracias. Entró y recitó un sutra ante el oratorio familiar. Hecho esto, la mujer le presentó a su madre y a sus hijos. Viendo lo afli-

[1] La actual Tokio.

gidos que parecían estar todos, Gudo preguntó qué era lo que iba mal.

«Mi marido es un jugador y un borracho», le confesó la dueña de la casa. «Cuando la suerte lo acompaña y gana, bebe en abundancia y se vuelve agresivo. Cuando pierde, no duda en pedir dinero prestado. ¿Qué puedo hacer?».

«Yo ayudaré a tu marido», dijo Gudo. «Toma de momento este dinero y consígueme un galón de buen vino y algo para comer. Luego retírate a tu cuarto, que yo me quedaré aquí meditando frente al oratorio».

Cuando el hombre regresó a su casa, a medianoche, completamente borracho, bramó: «¡Eh, mujer, aquí estoy! ¿Tienes algo de comer para mí?».

«Yo tengo algo para ti», dijo Gudo en la penumbra. «La tempestad me sorprendió a medio camino, y tu mujer me invitó amablemente a pasar aquí la noche. He comprado a cambio algo de vino y pescado, así que puedes servirte cuanto quieras».

El hombre estaba encantado. Dio rápida cuenta del vino y se tumbó en el suelo, cayendo de inmediato en un profundo sueño. Gudo, en la postura de meditación[2], se sentó a su lado.

Por la mañana, al despertar, el marido había olvidado todo lo ocurrido la víspera. «¿Quién eres? ¿De dónde vienes?», preguntó a Gudo, que aún estaba meditando.

«Soy Gudo de Kioto y voy camino de Edo», respondió el maestro zen.

Al hombre le invadió entonces un sentimiento de vergüenza enorme. No encontraba disculpas suficientes para el maestro de su emperador.

Gudo esbozó una sonrisa. «Todas las cosas en este mundo son perecederas», le dijo. «La vida es muy breve. Si sigues con el juego y la bebida, no te quedará tiempo apenas para hacer ninguna otra cosa, y serás además causa de sufrimiento para tu familia».

La consciencia del hombre despertó entonces, como si saliera de largo sueño. «Tienes razón», declaró. «¿Cómo podré pagarte por esta maravillosa enseñanza? Permíteme que te acompañe cargando con tus cosas un corto trecho».

---

[2] *Za-zen* o meditación con las piernas cruzadas. En chino se conoce por *tso-ch'an* (de *tso*, «sentarse», y *ch'an*, del sánscrito *dhyana*, «meditación»).

«Si así lo deseas», asintió Gudo.

Los dos hombres partieron. Después de haber recorrido un *ri*[3], Gudo dijo a su acompañante que regresase. «Solo un par de *ri* más», suplicó este. Y continuaron la marcha.

«Puedes volver ya», sugirió Gudo.

«Después de otros cuatro *ri*», contestó el hombre.

«Vuelve ya», dijo Gudo, una vez recorrida esta distancia.

«Pienso seguirte durante el resto de mi vida», declaró el hombre.

Los profesores de zen en el Japón moderno proceden directamente del linaje de un famoso maestro que fue el sucesor de Gudo. Su nombre era Muñan, el hombre que no volvió nunca.

3. ¿Es así?

El maestro zen Hakuin[4] era conocido entre sus vecinos como aquel que llevaba una vida pura.

---

[3] *Ri*: antigua medida japonesa de longitud, equivalente a 3,92 kilómetros.

[4] Uno de los máximos exponentes de la escuela Rinzai (1685-1768), al cual se debe en gran parte el desarrollo del sistema *koan* en el Japón.

Una jovencita japonesa muy atractiva, cuyos padres regentaban una tienda de comidas, vivía cerca de su casa. Una mañana, repentinamente, los padres descubrieron con espanto que la muchacha estaba embarazada.

Esto puso a los tenderos fuera de sí. La joven, al principio, se negaba a delatar al padre de la criatura, pero después de mucho hostigarla y amenazarla acabó dando el nombre de Hakuin.

Muy irritados, los padres fueron en busca del maestro. «¿Es así?», fue todo lo que él dijo.

Al nacer el niño, lo llevaron a casa de Hakuin. Por entonces este había perdido ya toda su reputación, lo cual no le preocupaba mucho, pero en cualquier caso no faltaron atenciones en la crianza del niño. Los vecinos daban a Hakuin leche y cualquier otra cosa que el pequeño necesitase.

Pasó un año, y la joven madre, no pudiendo resistir más, confesó a sus padres la verdad: que el auténtico padre del niño era un hombre joven que trabajaba en la pescadería.

La madre y el padre de la chica fueron enseguida a casa de Hakuin para pedirle perdón.

Después de haberse deshecho en disculpas, le rogaron que les devolviese el niño.

Hakuin no puso ninguna objeción. Al entregarles el pequeño, todo lo que dijo fue: «¿Es así?».

4. Obediencia

A las charlas del maestro Bankei[5] asistían no solo estudiantes de zen, sino personas de toda condición y creencia. Bankei no recurría jamás a citas de los sutras, ni se enzarzaba en discusiones escolásticas. Sus palabras le salían directamente del corazón e iban dirigidas a los corazones de sus oyentes.

Sus largas audiencias acabaron irritando a un sacerdote de la escuela Nichiren[6], cuyos adeptos lo habían abandonado para ir a oír hablar de zen. Cierto día, este egocéntrico sacerdote se encaminó hacia el templo donde disertaba

[5] 1622-1693. Sus enseñanzas tuvieron un carácter marcadamente popular frente al formalismo aristocrático imperante bajo el régimen de Tokugawa.

[6] Escuela revivalista del budismo, fundada por Nichiren Shónin (1222-1282). La agresividad y el espíritu militarista de sus seguidores, aún hoy día, los separan del resto de los budistas.

Bankei, con el propósito decidido de entablar con él un duro debate.

«¡Eh, tú, maestro zen!», gritó. «Atiende a esto. Quienquiera que te respete te obedecerá en cuanto digas, pero un hombre como yo no profesa respeto alguno. ¿Cómo puedes hacer que te obedezca?».

«Acércate a mi lado y te lo mostraré», dijo Bankei.

Orgullosamente, el sacerdote avanzó entre la multitud hasta llegar al lugar ocupado por el maestro. Este sonreía. «Colócate a mi izquierda».

El sacerdote obedeció.

«No, espera», se retractó Bankei. «Hablaremos mejor si estás a mi derecha. Ponte aquí».

El sacerdote se dirigió altivamente hacia la derecha.

«¿Lo ves?», observó entonces Bankei. «Estás obedeciéndome, y la verdad es que pienso que eres una persona muy dócil. Ahora siéntate y escucha».

5. Si amas, ama abiertamente

Veinte monjes y una monja, de nombre Eshun, practicaban la meditación con cierto maestro zen.

Eshun era muy bella, aun a pesar de llevar la cabeza afeitada y vestir las burdas ropas del monacato. Varios monjes estaban en secreto enamorados de ella. Uno de ellos le escribió un día una carta en la que le declaraba su amor, insistiendo en que concertase con él una entrevista en privado.

Eshun no contestó. Al día siguiente, el maestro daba una conferencia al grupo. Al acabar la disertación, Eshun se levantó y, señalando con el dedo al autor de la misiva, dijo: «Si en verdad me amas tanto, ven aquí y abrázame ahora».

6. Falta de benevolencia

Había una vieja dama en China que llevaba más de veinte años manteniendo a un monje. Le había hecho construir una pequeña cabaña y solía ir ella misma a alimentarlo cuando meditaba. Por fin, un día quiso saber los progresos que había realizado su protegido en todo ese tiempo, y para averiguarlo se buscó los servicios de una joven rica en deseo. «Ve y abrázalo», le dijo, y entonces pregúntale de pronto: «¿Y ahora qué?».

La joven fue a ver al monje, y sin mucha ceremonia lo acarició y besó apasionadamente, tras lo cual le preguntó qué era lo que pensaba hacer al respecto.

«Un árbol viejo crece en invierno sobre una roca fría», respondió el monje de forma en cierto modo poética. «No precisa del calor para nada».

La joven volvió y relató lo que el monje le había dicho.

«¡Pensar que lo he estado alimentando durante años!», exclamó la vieja dama con furia. «No mostró consideración alguna por tu necesidad; ninguna disposición a comprender tu estado. No tenía por qué responder a tus caricias, pero al menos podía haber sentido algo de compasión».

Dicho lo cual, fue a la cabaña del monje y le prendió fuego.

7. Proclama

Tanzan escribió sesenta tarjetas postales el último día de su vida. Encargó a uno de sus ayudantes que las enviara por correo.

Las tarjetas rezaban:

Estoy marchándome de este mundo.
Esta es mi última proclama.

Tanzan,
27 de julio de 1892.

8. Grandes olas

A principios de la era Meiji vivía en Japón un famoso luchador llamado O-nami, Grandes Olas.

O-nami era inmensamente fuerte y conocía el arte de la lucha. En los entrenamientos era capaz de vencer a su maestro, pero cuando luchaba en público se intimidaba de tal forma que hasta sus propios pupilos daban con él en el suelo.

A O-nami se le ocurrió que tal vez un maestro zen podría ayudarle a resolver su problema. Daba la casualidad de que Hakuju, un maestro trashumante, se había detenido por entonces a descansar en un pequeño templo de los alrededores. O-nami fue allí a verlo y le expuso su caso.

«Grandes Olas es tu nombre», le recordó Hakuju, «así que quédate esta noche en el templo y trata de imaginarte que eres en verdad todas esas formas ondulantes. Nunca más serás un luchador que tiene miedo. *Eres* esas enormes olas que barren cualquier cosa ante ellas, que todo se lo tragan en su camino. Hazlo así y serás el más grande campeón sobre la Tierra».

El maestro se fue y O-nami permaneció sentado en la postura de meditación, esforzándose en verse a sí mismo como olas. Pensó en formas muy diversas. Poco a poco, su espíritu fue identificándose con la sensación de las olas. A medida que la noche avanzaba, estas se hacían más y más grandes, creciendo en intensidad y volumen. Las flores fueron arrancadas de cuajo de sus tiestos. Hasta el Buda del altar quedó inundado. Antes del amanecer, el templo entero no era ya otra cosa sino el flujo y reflujo de un inmenso mar embravecido.

Por la mañana, el maestro encontró a O-nami meditando, una débil sonrisa dibujada en su rostro. Le dio una palmada en el hombro. «Ahora ya nada puede inquietarte», dijo. «Eres en verdad esas olas. Barrerás cualquier cosa ante tus ojos».

Ese mismo día, O-nami tomó parte en los combates y ganó. Desde entonces, nadie en todo Japón fue capaz de derrotarlo.

9. La luna no se puede robar

Ryokan[7], un maestro zen, vivía de la forma más sencilla posible en una pequeña choza al pie de una montaña. Cierto día, por la tarde, estando él ausente, un ladrón se introdujo en el interior de la cabaña, solo para descubrir que no había allí nada que pudiese ser robado.

Ryokan, que regresaba entonces, se encontró con el ladrón en su casa. «Debes haber hecho un largo viaje para venir a visitarme», le dijo, «y no sería justo que volvieras con las manos vacías. Por favor, acepta mis ropas como un regalo».

[7] Monje ermitaño de la escuela Soto (1758-1831). Fue también un afamado poeta.

El ladrón estaba perplejo, pero al fin cogió las ropas y se marchó.

Ryokan se sentó en el suelo, desnudo, contemplando la luna a través de la ventana. «Pobre hermano», se decía. «Ojalá pudiese haberle dado esta maravillosa luna»[8].

10. El último poema de Hoshin

Después de haber vivido en China muchos años, el maestro zen Hoshin regresó al noreste del Japón, donde instruyó a sus discípulos. Un día, siendo ya muy viejo, les contó una historia que había oído en China. Era la siguiente:

El veinticinco de diciembre de cierto año, Tokufu, que era ya un anciano, dijo que deberíais portaros bien conmigo mientras dure este.

[8] Alan Watts cita, en *El Camino del Zen* (p. 224), un supuesto *haiku* de Ryokan que sintetiza de forma espléndida esta historia. «Aun cuando le roban sigue siendo rico», escribe Watts, «porque (y aquí viene ya el *haiku* de Ryokan)

Al ladrón
se le olvidó
la luna en la ventana».

Los monjes creyeron que Tokufu estaba bromeando, pero como su viejo maestro era una persona de gran corazón, se fueron turnando en sus atenciones para con él durante los pocos días que quedaban para que terminase el año.

En la víspera de año nuevo, Tokufu congregó de nuevo a sus discípulos. «Habéis sido muy buenos conmigo», les dijo. «Quiero que sepáis que mañana por la tarde, cuando haya dejado de nevar, os dejaré para siempre».

Sus pupilos rieron por lo bajo sin excepción al oír esto. Daban por descontado que su anciano instructor había empezado a chochear y no decía ya más que disparates, puesto que la noche estaba totalmente despejada y radiante de estrellas, no atisbándose amenaza de nieve por ninguna parte. A eso de medianoche, sin embargo, el cielo se cargó de espesas nubes, y pronto empezaron a caer los primeros copos.

Al día siguiente nevaba todavía, y, al despertarse, los monjes advirtieron que Tokufu había desaparecido. En vano lo buscaron por todas partes. Solo a la caída de la tarde, cuando había dejado de nevar, lo encontraron en la Sala de Meditación[9]. Estaba muerto.

Después de haber relatado esta historia, Hoshin dijo a sus discípulos: «No es necesario que un maestro zen prediga el día exacto de su muerte, pero si realmente lo desea, puede hacerlo».

«¿Puede usted, maestro?», preguntó alguien.

«Sí», respondió Hoshin. «Ocurrirá exactamente dentro de siete días».

Ni uno solo de sus discípulos dio crédito a estas palabras, y la gran mayoría las había olvidado ya cuando Hoshin los congregó a todos de nuevo.

«Hace siete días», les recordó, «os anuncié que hoy me iría definitivamente de vuestro lado. Es la costumbre en estos casos escribir un poema de despedida, pero como yo no soy poeta ni calígrafo, necesito que uno de vosotros tome nota de mis últimas palabras».

Los monjes pensaban que Hoshin quería divertirse a su costa, pero al fin uno de ellos accedió a satisfacer sus deseos.

[9] *Zendo* en japonés y *Ch'an T'ang* en chino. Edificio generalmente rectangular, de variadas proporciones, donde se practica el *za-zen* y otros ejercicios.

«¿Estás preparado?», preguntó Hoshin.

«Sí, maestro», asintió el monje.

Entonces Hoshin dictó:

Vine de lo brillante
y a lo brillante vuelvo.
¿Qué es esto?

El poema tenía un verso menos de los cuatro tradicionales, y así se lo hizo ver el discípulo: «Falta un verso, maestro».

Hoshin, con el rugido de un león herido, gritó: «¡Kaa!», y dejó este mundo.

11. La historia de Shunkai

La bella Shunkai, también llamada Suzu, fue obligada a casarse en contra de sus deseos cuando era muy joven. Más tarde, después del fracaso de su matrimonio, asistió a la universidad, donde estudió filosofía.

Ver a Shunkai era caer locamente enamorado de ella. Más aún, dondequiera que fuese, ella misma quedaba prendada por los demás. El amor estuvo con ella en la universidad y más adelante, cuando la filosofía no la satisfizo y marchó a un monasterio para aprender zen, los propios monjes perdieron el corazón al verla.

Por fin, en Kioto, Shunkai se convirtió en una verdadera estudiante de zen. Sus hermanos en el subtemplo de Kennin solían elogiarla por su sinceridad. Uno de ellos, que resultó tener un espíritu afín al suyo, la asistió en su búsqueda del *satori*[10].

El abad de Kennin, Mokurai, Trueno Silencioso, era severo. Acostumbraba a guardar escrupulosamente los preceptos, y esperaba que sus monjes hiciesen otro tanto. En el Japón moderno, cualquier interés que los monjes hayan perdido por el budismo, parecen haberlo ganado por poseer esposas. Mokurai solía coger una escoba y ahuyentar a las mujeres cuando las encontraba en alguno de sus templos, pero cuantas más mujeres barría, más volvían al día siguiente.

[10] Kai wu en chino. Iluminación zen. Suzuki lo define como «contemplación intuitiva dentro de la naturaleza de las cosas, en contraposición a la comprensión analítica y lógica». (D. T. Suzuki: *Ensayos sobre budismo zen*, primera serie, p. 249 y ss.).

En este templo en particular ocurrió que la esposa del superior sintió celos de la belleza y la aplicación de Shunkai. El mero hecho de oír a los monjes alabándola por su seriedad en el estudio del zen, hacía que esta mujer se retorciese de ira. Finalmente, difundió un rumor sobre Shunkai y el joven monje que era ahora su amigo. A consecuencia de ello, el monje fue expulsado y Shunkai obligada a trasladarse a otro templo. «Puede que haya cometido el error de amar», se dijo Shunkai, pero la mujer del superior no permanecerá en este templo si mi amigo es tratado de una forma tan injusta». Esa misma noche volvió con una lata de queroseno y prendió fuego al templo, reduciendo a cenizas sus quinientos años de historia[11]. Por la mañana se encontraba en manos de la policía.

Un joven abogado se interesó por su caso y trató de hacer más ligera la sentencia. «No quiero que me ayudes», le decía Shunkai. «Pro-

[11] Los primeros templos budistas de Kioto se construyeron a fines del siglo VIII, cuando el emperador Kwamnu trasladó allí su Corte desde Nara, la antigua capital. El Kenninji, primero exclusivamente zen, fue fundado por Eisai a principios del XIII.

bablemente haría cualquier otra cosa que me pondría de nuevo en la cárcel».

Después de haber cumplido una condena de siete años, Shunkai salió de la prisión, en donde su carcelero, que contaba a la sazón sesenta y tres años, se había enamorado también de ella.

Pero ahora todo el mundo la miraba como una reclusa. Nadie quería tener ningún tipo de relación con ella. Hasta la misma gente de zen, que se supone cree en la iluminación en esta vida y con este cuerpo, evitaba su compañía. El zen, descubrió amargamente Shunkai, era una cosa, y sus seguidores otra bien distinta. Tampoco sus parientes hicieron nada por ella. Pronto llegaron la enfermedad y la miseria.

Cierto día conoció a un sacerdote de la secta Shinshu[12] que le enseñó el nombre del Buda del Amor[13], y en esto Shunkai encontró algo de solaz y paz. Murió siendo aún extraordinariamente hermosa, cuando apenas había cumplido los treinta años.

[12] «La verdadera doctrina», rama de la escuela de la Tierra Pura que pone especial énfasis en la fe como única condición para renacer en el paraíso de Amida.

[13] *Namu-Amida-Butsu*, literalmente «pensar en el Buda Amida», cuya repetición mecánica pronunciada rítmicamente con plena confianza garantiza la salvación del devoto.

Había escrito parte de su propia historia en un último y vano esfuerzo por ganarse la vida, y el resto se lo confió a una mujer escritora. Fue así como alcanzó al pueblo japonés. Aquellos que rechazaron a Shunkai, aquellos que la difamaron y la odiaron, leen ahora su vida con lágrimas de remordimiento.

12. El chino feliz

El visitante de cualquier barrio chino de Norteamérica habrá observado estatuas de un rechoncho personaje con un saco de lino a sus espaldas. Los comerciantes chinos lo llaman Chino Feliz o Buda Sonriente.

Este tal Hotei[14] vivió en la dinastía T'ang[15]. No mostró nunca interés alguno en ser llamado maestro zen ni en congregar muchos discípulos a su lado. Solía recorrer las calles con un gran saco en el que metía dulces, frutas y rosqui-

[14] En chino Pu-tai. Cuenta la leyenda que era una especie de lunático sin hogar, extraordinariamente desproporcionado y feo de rostro.

[15] Según el *Chuatig-têng Lu*, habría vivido en la época de la última dinastía Liang, muriendo en el 916 d. de C.

llas[16], que regalaba a los niños con los que se detenía a jugar por el camino. Puede decirse que estableció un jardín de infancia callejero.

Siempre que se encontraba con un monje zen, extendía la mano y le decía: «Dame una moneda». Si alguno le instaba a ir a algún monasterio para enseñar la doctrina, él respondía: «Dame una moneda».

Una vez, estando ocupado en esta especie de juego, otro maestro zen le preguntó: «¿Cuál es el significado del zen?».

Hotei depositó sonoramente su saco en el suelo por toda respuesta.

«Entonces», prosiguió el otro, «¿cuál es la realización del zen?».

Inmediatamente el Chino Feliz se cargó el saco al hombro y continuó su camino.

13. Un buda

En Tokio, durante la era Meiji, vivían dos prominentes maestros de caracteres opuestos. Uno

[16] Esto pertenece enteramente a la tradición japonesa, que asoció a Hotei con el dios de la abundancia y la felicidad.

de ellos, Unsho, instructor de Shingon[17], seguía los preceptos del Buda escrupulosamente. No probaba jamás bebidas alcohólicas, ni ingería alimento alguno a partir de las once de la mañana18. Por el contrario, Tanzan, el otro maestro, profesor de filosofía en la Universidad Imperial, no respetaba nunca los preceptos. Comía cuando tenía hambre, y, si le entraba sueño, dormía durante el día.

Unsho decidió ir a visitar a Tanzan. Lo encontró bebiendo alegremente vino, del que se supone que ni una sola gota debe tomar la lengua de un budista.

«¡Hola, hermano!», le saludó Tanzan. «¿No quieres un trago?».

«¡Nunca bebo!», exclamó Unsho solemnemente.

«Alguien que no bebe no es siquiera humano», declaró Tanzan.

---

17 Secta mística y ritualista del budismo que precedió en cuatro siglos a la aparición del zen en el Japón.

18 Tal como hacían los monjes hindúes, que comían una sola vez al día. Si bien esta costumbre no persistió en la China y el Japón, debido al rigor de su clima, siempre quedaron algunos fanáticos que siguieron adaptados al modelo de la India.

«¿Quieres decir que me consideras inhumano simplemente porque no consiento en beber líquidos embriagantes?», exclamó Unsho, irritado. «Si no soy humano, ¿qué soy entonces?».

«Un Buda», respondió Tanzan.

14. Un camino embarrado

Tanzan y Ekido caminaban juntos por un sendero lleno de barro. Llovía persistentemente. Al doblar un recodo se encontraron de frente con una hermosa joven vestida con un quimono de seda, la cual no se atrevía a cruzar el camino por miedo a mancharse.

«Ven aquí, muchacha», dijo Tanzan; y, tomándola en sus brazos, pasó limpiamente al otro lado a través del barro.

Ekido no dijo una palabra. Al caer la noche, los dos amigos encontraron alojamiento en un monasterio. Entonces Ekido no pudo contenerse más. «Se supone que nosotros los monjes debemos mantenernos alejados de las mujeres», recriminó a Tanzan, «especialmente si son jóvenes y bonitas. No hacerlo así es peligroso.

¿Cómo pudiste llevar a aquella muchacha entre tus brazos?».

«Dejé a la chica en el camino», replicó Tanzan. «¿Aún sigues llevándola?».

15. Shoun y su madre

Shoun llegó a ser un maestro zen de la escuela Soto[19]. Su padre había fallecido cuando él era aún un estudiante, dejándolo al cuidado de su anciana madre.

Siempre que Shoun acudía a la Sala de Meditación, llevaba a su madre consigo. Sin embargo, al estar acompañado por ella, no podía cohabitar con los monjes, de forma que decidió construir una pequeña casa donde pudieran vivir los dos juntos. Por entonces empezó también a copiar sutras, los versos budistas, con lo cual obtenía algunas monedas para comer.

Cuando Shoun iba al mercado y compraba pescado para su madre, la gente se burlaba de él, pues es sabido que los monjes se alimentan

[19] Una de las dos ramas japonesas del zen –la otra es la Rinzai– que perviven en la actualidad. Fue fundada por Dogen a mediados del siglo XIII.

solo de verduras. Esto a Shoun no le preocupaba en absoluto, pero su madre se sentía dolida al ver cómo los vecinos se reían de su hijo. Por fin, un día tomó una decisión. «He pensado ordenarme monja», le anunció a Shoun, «y hacerme vegetariana como tú». Pronto había llevado a cabo su propósito, y desde entonces madre e hijo estudiaron juntos.

Shoun era un gran aficionado a la música y tocaba con destreza el laúd. Su madre también dominaba este instrumento, y en las noches de luna llena solían tocar a dúo en el patio de la casa. Una vez una joven que pasaba por allí oyó la música, y, habiendo quedado profundamente impresionada, rogó a Shoun que fuese a tocar a su domicilio al día siguiente. Este aceptó la invitación. Algún tiempo después volvió a encontrarse con la joven en la calle y le dio las gracias por su hospitalidad. La gente se rio de él. ¡Había estado en la casa de una mujer de la calle!

En cierta ocasión, Shoun tuvo que desplazarse a un templo que estaba a mucha distancia para dar una conferencia. Cuando volvió, algunos meses más tarde, se enteró de que su madre había muerto. Sus amigos no habían podido localizarlo y el funeral se estaba celebrando ya. Shoun pudo alcanzar a la comitiva y dio un golpecito en el ataúd con su bastón. «Madre, tu hijo ha vuelto», dijo.

«Estoy contenta de que así sea, hijo», fue respondido por su madre.

«Sí, yo estoy contento también», añadió. Y entonces anunció a la gente que le rodeaba: «La ceremonia ha terminado. Podéis enterrar el cadáver».

Años más tarde, sabiendo que su propio fin se aproximaba, Shoun pidió a sus discípulos que se congregaran al día siguiente por la mañana. Les contó entonces que iba a morir a mediodía. Quemó incienso ante los retratos de su madre y de su padre, y escribió un poema:

Durante cincuenta y seis años viví lo mejor que pude. Cumpliendo mi misión en este mundo.
Ahora la lluvia ha cesado; las nubes se disipan;
en el cielo azul brilla la luna llena.

Sus discípulos lo rodearon, recitando un sutra, y Shoun falleció durante la invocación.

16. No lejos del estado búdico

Un estudiante de la universidad fue a ver a Gasan y le preguntó: «¿Ha leído alguna vez la Biblia cristiana, maestro?».

«No, lee algo para mí», dijo Gasan.

El estudiante abrió la Biblia y leyó de San Mateo: «¿Y por qué preocuparse de lo que vestiréis? Considerad los lirios del campo, cómo crecen; no se cansan ni hilan, pero yo os digo que ni Salomón en toda su gloria se atavió como uno de estos. (...) Así que no os inquietéis por el día de mañana, que el mañana traerá su propia inquietud»[20].

Gasan declaró: «Quienquiera que pronunciase esas palabras, lo considero un hombre iluminado».

El estudiante continuó leyendo: «Pedid, y se os dará; buscad, y hallaréis; llamad, y se os abrirá. Porque todo el que pide recibe, el que busca halla, y al que llama se le abre»[21].

---

[20] Mateo, 6, 28-34.

[21] Ibídem, 7, 7-8.

«Excelente», comentó Gasan. «El que dijo eso no está lejos del estado búdico».

17. Tacaño en la enseñanza

Un joven médico de Tokio llamado Kusuda se encontró un día con un amigo del colegio que había estado estudiando zen. Kusuda le preguntó en qué consistía este.

«No puedo decirte lo que es», replicó su amigo, «pero una cosa es cierta. Cuando profundizas en el zen, pierdes todo tu miedo a la muerte».

«Eso suena bien», dijo el joven doctor. «Creo que voy a intentarlo. ¿Dónde puedo encontrar un maestro?».

«Ve a ver a Nan-in», le propuso el amigo.

Kusuda así lo hizo, no sin antes haberse provisto de un puñal de casi un *shaku* de largo[22], pues quería comprobar si el propio maestro había vencido el temor a la muerte.

[22] Un *shaku* equivale a 30,3 centímetros.

«¡Hola, muchacho!», exclamó Nan-in al verlo. «¿Cómo estás? Hacía tiempo que no nos veíamos».

«No nos hemos visto nunca antes», replicó Kusuda, perplejo.

«Tienes razón», se corrigió Nan-in. «Te había confundido con otro médico que recibe instrucción aquí».

Con tales prolegómenos, Kusuda vio perdida su oportunidad de robar al maestro, así que de mala gana le preguntó si también él podía ser instruido.

«El zen no es una tarea difícil», respondió Nan-in. «Si tú eres médico, trata a tus pacientes con esmero. Eso es zen».

Kusuda fue tres veces a ver a Nan-in. En las tres ocasiones, el maestro le recordó lo mismo: «Un médico no debería estar aquí perdiendo el tiempo. Vuelve y cuida de tus pacientes».

No estaba nada claro aún para Kusuda cómo semejante enseñanza podía erradicar el temor a la muerte, de forma que en su cuarta visita protestó: «Un amigo me dijo que, cuando uno aprende zen, pierde el miedo a la muerte. Cada vez que vengo aquí, todo lo que me dices es que cuide de mis pacientes. Eso ya lo sé. Si todo tu así llamado zen no consiste más que en eso, no pienso volver nunca a verte».

Nan-in sonrió, y, dando a Kusuda una palmadita afectuosa, le dijo:

«Tal vez haya sido demasiado estricto contigo. Permíteme que te presente un *koan*»[23]. Lo enfrentó entonces al *Mu* de Joshu, que es el primero de los problemas para el esclarecimiento de la mente que figuran en el libro *La entrada sin puerta*.

Kusuda consideró con cuidado este problema del *Mu* («no» o «nada»), buscando una posible respuesta. Pasados dos años, creyó haberla encontrado al fin, pero su maestro sentenció: «No lo has comprendido todavía».

Durante un año y medio más, Kusuda meditó constantemente. Su mente se fue pacificando poco a poco. Todos los problemas se disiparon. La Nada se hizo la Verdad. Atendía con solicitud

[23] *Kung-an* en chino. Literalmente, significa «documento público». Se dice que hay 1.700 *koans* a resolver por parte de los estudiantes zen, antes de que puedan ser considerados maestros plenamente cualificados.

a sus pacientes, y, sin apenas darse cuenta, había trascendido toda inquietud relativa al asunto de la vida y la muerte.

Cuando fue de nuevo a ver a Nan-in, su viejo maestro se limitó a esbozar una sonrisa.

18. Una parábola

Un hombre que paseaba por un campo se encontró con un tigre. Dio media vuelta y huyó, el tigre pisándole los talones. Al llegar a un precipicio, se agarró a la raíz de una vieja parra y se dejó colgar sobre el abismo. El tigre lo olfateaba desde arriba. Estremeciéndose, el hombre miró hacia el fondo del precipicio, en donde otro tigre esperaba ávido su caída para devorarlo. Solo la parra lo sostenía.

Dos ratones, uno blanco y otro negro, empezaron entonces a roer la raíz[24]. A su lado, el hombre vio una fresa silvestre de aspecto suculento. Aferrándose a la parra con una mano, pudo alcanzar la fresa con la otra. ¡Qué deliciosa estaba!...

[24] Hay quien ve en esto un símbolo de la dualidad.

19. El primer principio

Quienquiera que visite el templo de Obaku, en Kioto, verá esculpidas sobre la puerta de la fachada las palabras «El Primer Principio». Las letras tienen un tamaño extremadamente grande, y entre aquellos que aprecian el arte de la caligrafía son unánimemente admiradas como una obra maestra. Fueron realizadas por Kosen hace doscientos años.

Originalmente, el maestro hizo un diseño en papel, a partir del cual habría de ejecutarse, a mayor escala, el tallado sobre madera. Durante todo el tiempo que Kosen empleó en este trabajo, no se separó de él un joven y osado discípulo, el cual había preparado para la caligrafía varios galones de tinta y no dejaba un momento de criticar la obra de su maestro.

«No está nada bien», dijo a Kosen después del primer intento.

«¿Qué tal ahora?».

«Muy pobre. Peor que antes», juzgó el pupilo.

Pacientemente, Kosen dibujó las letras una y otra vez, hoja tras hoja, hasta que al fin ochenta y cuatro Primeros Principios se hubieron acumulado, sin merecer aún el beneplácito del exigente discípulo.

Entonces, al retirarse este unos minutos, Kosen pensó: «He aquí mi oportunidad de escapar a su ojo vigilante», y escribió apresuradamente, con la mente libre de toda preocupación: «El Primer Principio».

«Una obra maestra», reconoció el discípulo a su regreso.

20. El consejo de una madre

Jiun, un maestro del Shingon en la era de los Tokugawa[25], fue un adelantado estudiante de sánscrito en sus años mozos. Siendo muy joven, solía ya dar conferencias a sus compañeros.

Enterada de esto, su madre le escribió un día una carta:

«Hijo mío: No creo que llegues nunca a ser un auténtico devoto del Buda si lo único que te interesa es convertirte en un diccionario andante. La información y los comentarios, el

[25] La época de la «Gran Paz» (1603-1867).

honor y la gloria, no tienen límite; jamás sacian la sed del hombre. Me gustaría que dejaras de una vez todo este asunto. Guarda silencio y retírate a un templo tranquilo, en algún rincón perdido de la montaña. Dedica todo tu tiempo a la meditación, y alcanza de esta forma el verdadero conocimiento».

21. El sonido de una sola mano

El maestro del templo de Kennin fue Mokurai, Trueno Silencioso. Este tal Mokurai tenía un pequeño protegido, de nombre Toyo, que contaba tan solo doce años de edad. Viendo cómo los discípulos mayores acudían cada mañana y cada tarde a la habitación del maestro para recibir instrucción en la técnica del *sanzen*, o conversación encaminada —por medio de un *koan*— a disipar los enredos de la mente, Toyo sintió vivos deseos de practicarlo a su vez.

«Espera un poco», le dijo Mokurai. «Eres aún demasiado joven». Pero el muchacho siguió insistiendo en su petición, y Mokurai finalmente accedió.

Por la tarde, a la hora acordada, el pequeño Toyo se presentó en el umbral de la habitación del *sanzen.* Hizo sonar el gong para anunciar su llegada, y tras repetir tres veces desde la puerta la obligada reverencia, fue a sentarse junto al maestro en actitud de respetuoso silencio.

«Puedes escuchar el sonido de dos manos cuando baten palmas», le dijo Mokurai. «Muéstrame ahora cuál es el sonido de una sola mano»[26].

Haciendo una nueva reverencia, Toyo se retiró a su cuarto para considerar con detenimiento el problema. Por la ventana abierta entraba la música de las geishas. «¡Ya lo tengo!», exclamó.

Al día siguiente por la tarde, al pedirle el maestro que ilustrara el sonido de una sola mano, Toyo empezó a imitar la música de las geishas.

«No, no», le interrumpió Mokurai. «Nada de eso. El sonido de una sola mano no es así. Aún no lo has comprendido».

---

[26] La frase es original de Hakuin, quien se inspiró para este *koan* en un viejo proverbio chino: «Una mano sola no aplaude».

Temiendo que la música lo sacara de nuevo de su meditación, Toyo se retiró esta vez a un tranquilo paraje en el campo. «¿Cuál podrá ser el sonido de una sola mano?», se preguntaba. Llegó entonces a sus oídos el murmullo del agua de un manantial. «¡Ya está!», se dijo.

Al comparecer de nuevo ante su maestro. Toyo reprodujo fielmente el sonido del agua.

«¿Qué es eso?», preguntó Mokurai. «Tal vez el ruido del agua goteando, pero desde luego nada que se parezca al sonido de una sola mano. Inténtalo otra vez».

En vano meditó Toyo para lograr oír el sonido de una sola mano.

Oyó el suspiro del viento. Pero el sonido fue rechazado.

El sonido de una sola mano no estaba en los grillos.

Más de diez veces se presentó ante Mokurai con diferentes sonidos.

Ninguno era válido. Durante casi un año estuvo pensando en el sonido de una sola mano, preguntándose cuál podría ser.

Por fin, el pequeño Toyo penetró en la verdadera meditación y trascendió todos los sonidos. «No hubiera podido añadir ni uno más», explicaría más tarde, «así que alcancé el sonido sin sonido».

Toyo había reconocido el sonido de una sola mano.

22. Mi corazón arde como fuego

Soyen Shaku, el primer maestro zen que viajó a América, solía decir: «Mi corazón arde como fuego, pero mis ojos están fríos como cenizas muertas». Propuso las siguientes reglas, que él mismo practicaría, día tras día, durante toda su vida:

Por la mañana, antes de vestirse, quema incienso y medita.

Retírate a una hora fija. Come a intervalos regulares, con moderación y sin llegar nunca al punto de saciedad.

Recibe a tus invitados con la misma actitud que tienes cuando estás solo. Cuando estés solo, mantén la misma actitud que al recibir invitados.

Observa lo que dices, y, digas lo que digas, ponlo en práctica.

Cuando se te presente una oportunidad, no la dejes escapar. Sin embargo, piénsatelo siempre dos veces antes de actuar.

No te lamentes por el pasado. Dirige tu mirada hacia el futuro. Mantén la intrépida disposición de un héroe y el corazón cariñoso de un niño.

Al irte a acostar, duerme como si se tratara de tu último sueño. Al despertarte, sal inmediatamente de la cama como si tirases un par de zapatos viejos.

23. La partida de Eshun

Cuando Eshun, la monja zen, habiendo pasado ya de los sesenta años, se preparaba para dejar este mundo, pidió a algunos monjes que apilaran leña en el patio del monasterio.

Estos obedecieron. Instalándose entonces firmemente en el centro de la pira funeraria, Eshun empezó a prenderla fuego por los bordes.

«¡Oh hermana!», gritó uno de los monjes. «¿No hace demasiado calor ahí adentro?».

«Semejante cuestión solo puede preocupar a una persona tan estúpida como tú», replicó Eshun.

Las llamas se levantaron, y la monja expiró en su remolino.

24. La recitación de los sutras

Cierto granjero hizo llamar a un sacerdote de la secta Tendai[27] para que recitase algunos sutras en memoria de su esposa, que acaba de morir. Cuando este hubo terminado su lectura, el granjero le preguntó: «¿Cree usted que mi mujer habrá ganado algún mérito con esto?».

«No solo su mujer, sino todos los seres vivientes se beneficiarán de la recitación de los sutras», contestó el sacerdote.

«Si es así», dijo el granjero, «pudiera ocurrir que otros se aprovechasen de la debilidad de mi mujer, quedándose para sí los méritos que a

---

[27] *T'ien-tai* en chino. Rama filosófica e intelectual del budismo que, en el periodo *heiano*, tuvo que descender de sus altos vuelos especulativos para alcanzar el corazón de las masas, apropiándose del ritualismo práctico propiamente Shingon. Esta historia es un claro ejemplo de ello.

ella le pertenecen; le ruego que recite los sutras solo para ella».

El sacerdote explicó que era el anhelo de todo budista ofrecer bendiciones y desear méritos a todas las criaturas vivas.

«Es una hermosa enseñanza», admitió el granjero. «Pero, por favor, haga una excepción. Tengo un vecino que se comporta de una forma especialmente grosera y mezquina conmigo. Exclúyalo del grupo de los seres vivos».

25. Tres días más

Suiwo, el discípulo de Hakuin, llegó a ser un excelente maestro. Cierto año, durante el periodo de retiro veraniego, recibió la visita de un pupilo oriundo de una lejana isla en el sur del Japón.

Suiwo le dio a resolver el problema: «Escucha el sonido de una sola mano».

El pupilo permaneció a su lado durante tres años, pero no pudo pasar la prueba. Una noche se presentó ante Suiwo con lágrimas en los ojos. «Tendré que volver al sur en la vergüenza y el oprobio», dijo, «pues no fui capaz de resolver mi problema».

«Espera una semana más y medita constantemente», le aconsejó el maestro. Pero la iluminación seguía sin llegar. «Inténtalo otra semana», dijo Suiwo. El pupilo obedeció, pero en vano.

«Otra semana más». Era inútil. Desesperado, el estudiante rogó a Suiwo que lo dejara marchar, pero este propuso cinco días más de meditación. Transcurrieron estos sin resultado. Entonces Suiwo dijo: «Medita tres días más. Si tampoco lo consigues ahora, lo mejor que puedes hacer es suicidarte».

Al segundo día, el pupilo fue iluminado.

26. Alojamiento a cambio de diálogo

Con tal que proponga a sus moradores, y lo gane, un debate sobre cualquier aspecto del budismo, todo monje vagabundo tiene derecho a quedarse en un monasterio zen. Si, por el contrario, sale derrotado, deberá marcharse.

Dos hermanos, ambos monjes, vivían solos en un monasterio en el norte del Japón. El hermano mayor era muy docto, mientras que el pequeño era estúpido y le faltaba un ojo.

Un monje vagabundo llegó cierto día al monasterio en busca de alojamiento. Según la costumbre, desafió a los hermanos a entablar una discusión sobre la sublime enseñanza. El mayor, que se encontraba bastante cansado de tanto estudiar, pidió al más joven que ocupara su puesto. «Ve y arréglatelas para que el diálogo se haga en silencio», le aconsejó, pues conocía su escasa habilidad con las palabras.

El joven monje y el recién llegado se dirigieron al oratorio y tomaron asiento.

Poco después, el forastero llegaba corriendo hasta el lugar donde se encontraba el hermano mayor. «Puedes sentirte satisfecho», le dijo. «Tu joven hermano es un eminente budista. Me ha derrotado».

«Cuéntame cómo se desarrolló el diálogo», le rogó el hermano mayor.

«Al sentarnos», explicó el viajero, «yo levanté un dedo, representando al Buda, el Iluminado. Él replicó levantando dos dedos, dando a entender que una cosa era el Buda y otra sus enseñanzas.

Tras lo cual yo alcé tres dedos, simbolizando al Buda, sus enseñanzas y sus seguidores, llevando una vida armoniosa. Pero él me lanzó entonces un puño a la cara, indicándome que las tres cosas proceden de una comprensión única. Fue así como ganó, y por lo tanto yo no tengo derecho a quedarme». Dicho esto, reemprendió su camino.

«¿Dónde se ha metido ese tipo?», preguntó el hermano menor, que salía entonces del monasterio.

«Tengo entendido que ganaste el debate».

«No gané nada. Vengo a darle una paliza a ese monje».

«Cuéntame cuál fue el tema de la discusión», dijo el hermano mayor.

«¡El tema!... Pues bien: Nada más sentarnos, ese tipo levantó un dedo, insultándome al insinuar que solo tengo un ojo. No obstante, puesto que se trataba de un forastero, pensé que era mi obligación portarme cortésmente, así que le mostré dos dedos, felicitándolo por su buena suerte, que le había permitido conservar ambos ojos. Pero entonces, el muy miserable alzó impunemente tres dedos, sugiriendo que entre él y yo no sumábamos más que tres ojos. Esto me sacó de mis casillas y empecé a darle de puñetazos, pero él logró escapar y así acabó todo».

27. La voz de la verdad

Después de la muerte de Bankei, un hombre ciego que vivía cerca del monasterio del maestro contaba a un amigo: «Al estar privado de la vista, me resulta imposible distinguir los rasgos de la cara de una persona, así que debo juzgar su carácter por el sonido de su voz. Generalmente, cuando oigo a alguien felicitar a otro por su buena suerte o su éxito en la vida, escucho también un secreto tono de envidia. Cuando lo que se expresa es condolencia por la desgracia ajena, detecto a la vez cierto placer y satisfacción, como si el que se conduele estuviese realmente viendo en el fracaso del otro un hueco abierto para sus propios logros.

»A lo largo de toda mi experiencia, sin embargo, la voz de Bankei no dejó nunca de ser sincera. Siempre que pronunciaba palabras de alegría, no escuchaba yo otra cosa sino alegría;

y cuando lo que manifestaba era tristeza, tristeza era todo lo que oía».

28. Descubre el tesoro en tu propia casa

Daiju[28], visitó a Baso[29] en China. Baso le preguntó: «¿Qué es lo que vienes buscando?».

«La iluminación», contestó Daiju.

«Tienes el tesoro en tu propia casa. ¿Qué necesidad hay de salir a buscarlo afuera?», preguntó Baso.

Daiju replicó: «¿Dónde está exactamente ese tesoro?».

«Lo que estás preguntándome es ese tesoro», sentenció Baso.

Daiju fue iluminado. A partir de entonces instaba continuamente a sus amigos: «Descubrid el tesoro de vuestra propia casa, y utilizadlo».

[28] Daiju Yekai (Tai-chu Hui-hai).

[29] Ma-tsu, célebre maestro chino del siglo VIII.

29. Ni agua ni luna

Cuando la monja Chiyono era una estudiante de zen bajo la guía de Bukko, de Engaku[30], tuvo que esperar muchos años antes de poder degustar los frutos de la meditación.

Cierta noche de luna llena, Chiyono traía agua del pozo en un viejo cubo atado con hojas de bambú. Estas se rompieron y la base del cubo se desprendió, derramándose toda el agua al exterior. En ese instante, Chiyono se liberó.

En conmemoración, escribió este poema:

Día tras día traté de salvar el viejo cubo,
pues las tiras de bambú estaban debilitándose y
[amenazaban con romperse.
Hasta que al fin la base cedió.
¡No hay ya agua en el cubo!
¡No hay ya luna en el agua!

[30] El monasterio de Engaku es uno de los principales del Japón. Fue fundado por Bukko (Fo-kuang Tsu-yüan, 1226-86), un maestro chino que emigró al Japón en la época de Kamukura.

30. Tarjeta de visita

Keichu, el gran maestro zen de la era Meiji, era el prior del templo de Tofuko, en Kioto. En cierta ocasión recibió la visita del gobernador. Era la primera vez que este venía a verlo.

Un sirviente presentó su tarjeta, en la que se leía: *Kitagaki, gobernador de Kioto.*

«No tengo nada que ver con ese señor», declaró Keichu al mensajero. «Dile que se marche».

El sirviente, disculpándose, devolvió la tarjeta al gobernador. «Fue culpa mía», dijo este, y tomando un lápiz tachó las palabras *gobernador de Kioto.* «Ve y anúnciame de nuevo».

«¡Ah! ¿Se trata de ese tal Kitagaki?», exclamó el prior al leer la tarjeta. «Dile que pase; quiero verlo».

31. Todo es lo mejor

Cierto día, estando Banzan paseando por el mercado, oyó por casualidad la conversación entre un carnicero y su cliente.

«Deme el mejor pedazo de carne que tenga», decía este último.

«Todo lo que hay en mi tienda es lo mejor», replicaba el carnicero. «No hallará aquí ninguna pieza de carne que no lo sea».

Al oír estas palabras, Banzan fue iluminado.

32. Un día solo es un día

Un noble pidió al maestro zen Takuan[31] que le indicase alguna forma para matar el tiempo. Los días se le hacían intolerablemente largos en su despacho, sentado rígidamente hora tras hora, recibiendo el homenaje de unos y otros.

Takuan escribió ocho caracteres chinos y se los entregó al noble:

Un día solo es un día;
la joya más grande es como el día más corto.

Ese día nunca volverá;
cada segundo vale lo que una joya sin precio[32].

---

[31] Da-ch'uan de Chiang-shan. El noble al que se hace referencia fue un importante funcionario gubernamental de la dinastía Sung, llamado Chao-pien.

[32] Se cuenta que cierto día, después de cumplir sus deberes oficiales, Chaopien escuchó en su oficina el retumbar de un trueno, abriéndose instantáneamente su mente al estado de

33. La mano de Mokusen

Mokusen Hiki vivía en un monasterio en la provincia de Tamba. Uno de sus adeptos solía quejarse a menudo de la tacañería de su mujer. Mokusen decidió ir a verla. Fue a su casa y le mostró un puño cerrado.

«¿Qué quieres decir con eso?», preguntó sorprendida la mujer.

«Supón que mi mano estuviese siempre siempre cerrada como lo está ahora. ¿Cómo la llamarías?», inquirió Mokusen.

«Deforme», contestó la mujer.

Entonces el maestro abrió la palma de su mano. «Supón que estuviese siempre así. ¿Qué es lo que pensarías?»

«En alguna otra clase de deformidad», dijo la mujer.

---

satori. Compuso entonces, a su vez, otro poema:

Vacío de pensamiento, me senté en silencio frente al escritorio de mi despacho oficial.
Con la mente imperturbada, tan serena como el agua.
De pronto, el estallido de un trueno: las puertas de la mente se abren con violencia.
Y allí está sentado el anciano en toda su sencillez.

«Si puedes comprender todo esto», concluyó Mokusen, «es que eres una buena esposa». Y volvió al monasterio.

Después de esta entrevista, la mujer fue tan solícita en sus gastos como en sus ahorros.

34. La única sonrisa de su vida

No se supo que Mokusen hubiese sonreído hasta el último día de su vida. Sabiendo llegada su hora, reunió a sus fieles discípulos en torno a su lecho de muerte y les dijo: «Habéis estudiado conmigo durante más de diez años. Quiero que me mostréis ahora cuál es vuestra interpretación personal del zen. Aquel que sepa expresarse con mayor claridad, será nombrado mi sucesor y recibirá mi manto y mi escudilla».

Todos los presentes contemplaban atentamente el severo rostro de Mokusen, pero nadie se atrevía a improvisar una respuesta.

Encho, un discípulo que llevaba mucho tiempo con el maestro, avanzó entonces algunos pasos y se colocó a su cabecera. Cogiendo el frasco de la medicina, lo retiró algunos centímetros fuera de su alcance. Esta era su respuesta.

La cara del maestro se puso aún más severa. «¿Es eso todo lo que has comprendido?», preguntó.

Encho cogió el frasco y lo colocó de nuevo en su sitio.

Una clara sonrisa se dibujó entonces en las facciones de Mokugen. «¡Ah, pícaro!», exclamó. «Estuviste diez años trabajando conmigo, pero aún no habías visto todo mi cuerpo. Coge el manto y la escudilla. Son tuyos».

35. El zen de cada instante

Los estudiantes zen permanecen un mínimo de diez años con sus maestros antes de que se les considere capacitados para enseñarlo a su vez. En cierta ocasión, Nan-in recibió la visita del monje Tenno, el cual, habiendo terminado recientemente su periodo de aprendizaje, se había convertido en maestro. Como el día era muy lluvioso, Tenno calzaba zuecos de madera y había traído consigo un paraguas. Nan-in le dio la bienvenida y le dijo: «Supongo que dejaste tus zuecos en el vestíbulo. Quiero que me digas si el paraguas está a la izquierda o a la derecha de los zuecos».

Tenno, confundido, no acertó a dar una respuesta inmediata. Comprendió entonces que era aún incapaz de mantener su espíritu en estado de lucidez zen todo el tiempo. Así que se hizo discípulo de Nan-in y estudió con él otros seis años, hasta que al fin logró consumar en sí mismo el zen-de-cada-instante.

36. El aguacero de flores

Subhuti fue uno de los discípulos del Buda. Había llegado a comprender la potencia del vacío, el punto de vista de que nada existe sino es en su relación con lo subjetivo y lo objetivo.

Un día, Subhuti, en un estado de sublime vacuidad, estaba sentado bajo un árbol. De cuando en cuando, alguna flor caía de las ramas a su lado.

«Venimos a alabarte por tu discurso sobre el vacío», le susurraron los devas al oído.

«Pero si yo no he hablado sobre el vacío», dijo Subhuti.

«Tú no has hablado sobre el vacío, nosotros no hemos escuchado el vacío», respondieron los dioses. «Este es el verdadero vacío». Y las flores se derramaron sobre Subhuti como gotas de lluvia.

37. Las tres ediciones de los sutras

Tetsugen, un devoto del zen, se propuso traducir al japonés los sutras, que por entonces eran solo asequibles en lengua china[33]. Los textos se imprimirían con planchas de madera en una primera edición de siete mil ejemplares, lo cual constituía una ardua empresa en aquella época.

Para conseguir su propósito, Tetsugen viajó recolectando donativos por todo lo largo y ancho del Japón. Algún simpatizante le llegó a dar hasta cien piezas de oro, pero en la mayoría de los casos recibía solo calderilla. La misma gratitud mostraba Tetsugen para con unos y otros.

---

[33] Los primeros sutras hinayánicos traducidos al chino se remontan al siglo I d. de C.

Por fin, al cabo de diez años, habiendo reunido la suma suficiente, se dispuso a dar comienzo a su tarea.

Sucedió entonces que el río Uji[34] se desbordó, sumiendo a la región en la carestía y el hambre. Tetsugen tomó los fondos que había recaudado para sus libros y entregó hasta la última moneda a los damnificados, salvándolos así de la inanición. Acto seguido empezó otra vez desde el principio.

Algunos años más tarde, una terrible epidemia asoló el país. Tetsugen donó de nuevo todo su dinero para ayudar a las víctimas.

Por tercera vez reemprendió su tarea, y después de veinte años de esfuerzos sus anhelos se vieron al fin realizados. Las planchas de madera que hicieron posible la primera edición de los sutras pueden observarse hoy día en el monasterio de Obaku, en Kyoto.

Los japoneses suelen contar a sus hijos que Tetsugen hizo tres series de sutras, y que las dos primeras, invisibles, son aún mejores que la última.

---

[34] Al sureste de Kioto, célebre por sus plantaciones de té.

38. La labor de Gisho

Gisho fue ordenada monja a los diez años. Recibió la misma clase de educación que cualquier muchacho de su edad. Al cumplir los dieciséis, empezó a viajar de un lado a otro, estudiando el zen bajo diferentes maestros.

Estuvo tres años con Unzan, seis con Gukei; pero seguía aún sin obtener una visión clara del zen. Fue entonces a ver al maestro Inzan.

Inzan no hizo distinción alguna en virtud de su sexo. Solía reprenderla con frecuencia, y llegado el caso la abofeteaba para despertar en ella su naturaleza interior.

Gisho se quedó con Inzan trece años, hasta que finalmente encontró lo que había estado buscando.

En su honor, Inzan escribió un poema:

Esta monja estudió trece años bajo mi tutela.
Por las tardes reflexionaba sobre los más
[profundos koans;
Por las mañanas caía absorta en otros nuevos.
Solo la monja china Tetsuma pasó por todo esto
[antes que ella,

Y desde Mujaku nadie ha sido tan genuino como [Gisho.
Sin embargo, aún le quedan por abrir muchas [puertas.
Recibirá todavía bastantes bofetadas de mi mano [de hierro.

Después de alcanzar el *satori*, Gisho marchó a la provincia de Banshu, donde fundó su propio templo. Allí enseñaría el zen a otras doscientas monjas hasta el día de su muerte, acaecida durante el mes de agosto de cierto año.

39. Durmiendo durante el día

El maestro Soyen Shaku dejó este mundo a la edad de sesenta y un años. Habiendo cumplido su misión en la vida, dejaba tras de sí una gran enseñanza, mucho más rica que la de la mayoría de los maestros zen. Sus pupilos solían dormitar de día en la época de los calores estivales. El hacía la vista gorda, y, por su parte, no desperdiciaba jamás un minuto.

Cuando tenía doce años, había empezado ya a estudiar las especulaciones filosóficas de la secta Tendai. Cierto día de verano, el aire era tan sofocante que el pequeño Soyen plegó las piernas y se durmió.

Tres horas habían pasado cuando, despertando de súbito, oyó entrar a su maestro. Pero era ya demasiado tarde. Allí yacía, tumbado de un lado a otro de la puerta.

«Te pido perdón», le susurró a su maestro, pasando con cuidado por encima de su cuerpo como si se tratara del de algún distinguido huésped. Después de esto, Soyen no volvió nunca a dormir por las tardes.

40. En la tierra de los sueños

«Siendo un muchacho, nuestro maestro solía echarse a dormir la siesta por las tardes», contaba un discípulo de Soyen Shaku. «Al preguntarle nosotros por qué razón hacía eso», nos respondió: «Viajaba a la Tierra de los Sueños para encontrarme con los viejos sabios, como hacía Confucio». Era de todos sabido que Confucio, cuando dormía, soñaba con los antiguos patriarcas, lo cual le proporcionaba abundante material para sus sermones.

«Cierto día», prosiguió el discípulo, «hacía mucho calor y algunos de nosotros caímos dormidos. Al ser reprendidos por nuestro maestro, le explicamos: "Fuimos a la Tierra de los Sueños para hablar con los viejos sabios, como solía hacer el propio Confucio"». «¿Qué fue lo que esos sabios os contaron?», nos preguntó entonces. Uno de nosotros replicó: «Fuimos a la Tierra de los Sueños y preguntamos a los sabios si nuestro maestro Soyen Shaku solía ir a verlos por las tardes, pero nos dijeron que no conocían a nadie con ese nombre».

41. El zen de Joshu

Joshu[35] comenzó a estudiar zen a los sesenta años, y siguió estudiándolo hasta los ochenta, cuando alcanzó el *satori*[36].

---

[35] Chao-chou, discípulo de Ma-tsu. Fue autor de un libro de «Dichos» (*Goroku*), lleno de respuestas directas e incisivas a las preguntas planteadas por sus pupilos.

[36] No es corriente que a una edad tan avanzada se encare el estudio del zen con probabilidades de éxito. Sería interesante considerar aquí la historia de Hun-jên, el quinto patriarca. Según una leyenda, Hun-jên (601-674) había sido un plantador de pinos llamado Tsai-sung en su vida anterior. Cuando fue por primera vez a ver a Tao-hsin, el cuarto patriarca, este le dijo que era demasiado viejo para abordar el estudio del zen, pero le animó a nacer de nuevo, asegurándole que él, Tao-hsin, estaría aún esperándole. De regreso a su casa, Tsai-

Enseñó zen desde los ochenta hasta los ciento veinte años[37].

Una vez, un estudiante le preguntó: «Si no tengo nada en mi mente, ¿qué debo hacer?».

«Arrójalo», contestó Joshu.

«Pero si no tengo nada, ¿cómo lo puedo arrojar?», inquirió el discípulo.

«En ese caso», replicó el maestro, «llévalo».

42. La respuesta del muerto

Cuando Mamiya, el más tarde famoso predicador, fue a ver a un maestro en busca de consejo, este le pidió que le mostrara el sonido de una sola mano.

Mamiya se concentró profundamente. «No trabajas con el suficiente interés», le reprendió el maestro. «Estás demasiado apegado a la co-

---

sung se encontró con una joven que lavaba ropa en un arroyo, y le rogó que le permitiera introducirse en ella para procurarse un rápido renacimiento. La muchacha, afortunadamente para él, accedió, y el niño que dio a luz se convirtió, con el tiempo, en el quinto patriarca.

[37] Exactamente ciento diecinueve. Vivió del 778 al 897 d. de C. su longevidad es solo superada por la del propio Bodhidharma, introductor del zen en China, de quien se dice que alcanzó los ciento cincuenta años de edad, si bien esto último es más legendario que histórico.

mida, a la salud, a las cosas y a ese sonido. Sería mejor que estuvieses muerto. Eso solucionaría el problema».

Cuando Mamiya fue por segunda vez a entrevistarse con el maestro, este le volvió a preguntar por el sonido de una sola mano. Mamiya se echó entonces súbitamente al suelo, como si hubiera muerto.

«Representas muy bien el papel de cadáver», observó el maestro. «Pero, ¿qué me dices de ese sonido?».

«No lo he solucionado todavía», contestó Mamiya, abriendo los ojos».

«Los muertos no hablan», dijo el maestro. «Lárgate de aquí».

43. El zen del pordiosero

Tosui fue un maestro zen bien conocido en su época. Había vivido en varios templos y enseñado en diferentes provincias.

En el último monasterio en el que estuvo, se habían congregado tal cantidad de seguidores que decidió abandonar la enseñanza y dar comienzo a otra clase de vida. Aconsejó a sus discípulos que se dispersasen y siguiera cada cual su propio camino. Después de esto, se le perdió el rastro.

Tres años más tarde, uno de sus discípulos lo encontró por casualidad en Kioto, donde vivía bajo un puente con varios mendigos. Fue a su lado y le suplicó que lo instruyese.

«Lo haré si eres capaz de vivir durante dos días como yo vivo», dijo Tosui.

El antiguo discípulo se vistió como un pordiosero y pasó un día entero en compañía de su maestro. Al día siguiente, uno de los mendigos murió. Tosui y su pupilo cargaron con el cadáver a medianoche y lo enterraron al pie de una colina. Hecho esto, volvieron a su refugio bajo el puente.

Tosui se pasó roncando el resto de la noche, pero el discípulo no pudo pegar ojo. Por la mañana, Tosui le dijo: «No tendremos necesidad de mendigar comida hoy. Creo que nuestro difunto amigo ha dejado algo por ahí». Pero el discípulo fue incapaz de probar bocado.

«Ya te dije que no podrías vivir de este modo», observó Tosui. «Vete de aquí y no vuelvas a molestarme».

44. El ladrón que se convirtió en discípulo

Una tarde, hallándose Shichiri Kojun recitando sutras, un ladrón entró en su casa, armado con una afilada espada, y le pidió la bolsa o la vida.

«No me distraigas», le dijo Shichiri. «Encontrarás el dinero en ese cajón». Y reanudó la lectura.

Poco después interrumpió la recitación y llamó al ladrón. «No lo cojas todo. Necesito algunas monedas para pagar mañana la contribución».

El intruso metió en sus bolsillos la mayor parte del dinero y se dispuso a irse. «Da las gracias cuando recibas un regalo», añadió Shichiri. El hombre así lo hizo, y acto seguido escapó.

Algunos días más tarde, el ladrón fue detenido y confesó, entre otros, el robo perpetrado en casa de Shichiri. Al ser este requerido como testigo, declaró: «Este hombre no es un ladrón, al menos en cuanto a mí concierne. Yo le di el dinero y él me dio las gracias por ello».

Una vez cumplida su condena en la prisión, el hombre fue a ver a Shichiri y se hizo su discípulo.

45. Correcto y equivocado

Al estar Bankei guardando las acostumbradas semanas de retiro para la meditación[38], venían a hacerle compañía numerosos pupilos procedentes de todas partes del Japón. En una de estas reuniones, uno de los discípulos fue sorprendido robando. El asunto fue llevado a conocimiento del maestro, pidiéndosele que expulsase al culpable, pero Bankei hizo caso omiso de la solicitud.

Sucedió que, poco después, el mismo discípulo fue atrapado en un delito similar, pero tampoco en esta ocasión hizo Bankei nada al respecto. Su actitud molestó a los otros discípulos,

[38] Estos periodos se llaman *sesshin* o «recogimiento de la mente». Mientras duran, se practica el *za-zen* casi continuamente desde las 3,30 de la madrugada hasta las 10 de la noche. Sin embargo, con Bankei el *za-zen* se relega a un segundo plano, subrayándose el valor del trabajo cotidiano como medio de meditación.

quienes redactaron una instancia en la que se exigía la inmediata expulsión del ladrón, manifestando su intención de marcharse en bloque en caso de que este siguiera con el grupo.

Un torrente de lágrimas inundó entonces el rostro del que había robado. Todo deseo de volver a hacerlo se había desvanecido para siempre.

46. Cómo pueden la hierba y los árboles ser iluminados

Durante el periodo Kamakura[39], Shinkan estudió tendai seis años, y luego siete zen. Viajó entonces a China, donde continuó aprendiendo zen trece años más.

Al volver a Japón, muchos eran los que deseaban entrevistarse con él para aclarar algunos puntos oscuros. Pero cuando Shinkan recibía invitados, lo cual era poco frecuente, rara vez respondía a sus preguntas.

[39] Primer shogunado del Japón, instaurado en 1185 al acabar la guerra entre los Minamoto y los Taira. Fue en esta época cuando el zen se introdujo definitivamente en el Japón.

Un día, un estudiante que contaba a la sazón cincuenta y cinco años le contó lo siguiente: «He estudiado en la escuela de pensamiento tendai desde que era solo un chiquillo, pero hay algo que nunca pude comprender. Según la doctrina tendai, en un hecho que hasta la hierba y los árboles llegarán algún día a alcanzar el estado de iluminación. A mí esto me suena bastante extraño».

«¿De qué sirve discutir si la hierba o los árboles pueden llegar a ser iluminados?», preguntó Shinkan.

«La cuestión es más bien cómo podrías tú mismo alcanzar ese estado. ¿No te has detenido a considerarlo?».

«La verdad es que nunca vi las cosas desde ese punto de vista», admitió el hombre.

«Entonces vete a casa y piensa en ello», concluyó Shinkan.

47. El artista tacaño

Había una vez un monje artista llamado Gessen. Antes de dar comienzo a un dibujo o una pintura, acostumbraba a cobrar por adelantado, y sus honorarios eran altos. Todos lo conocían como «el artista tacaño».

En cierta ocasión, una geisha le encargó un lienzo en nombre de su señor. «¿Cuánto me vais a pagar?», fue lo primero que Gessen dijo.

«Lo que usted estime conveniente», respondió la muchacha, «pero deberá realizar su trabajo en mi presencia».

Pocos días después, Gessen fue llamado a cumplir el encargo. La geisha estaba celebrando una fiesta en honor de su señor.

Gessen, con unas cuantas pinceladas maestras, dio comienzo a su obra. Una vez terminada, pidió por ella la suma más elevada de la que se había tenido noticia en su época.

Recibió la paga. La geisha fue entonces junto a su señor. «Todo lo que este artista quiere es dinero», le dijo. «Sus pinturas son ciertamente hermosas, pero tiene la mente sucia; el dinero la ha llenado de lodo. Siendo el producto de una mente tan mugrienta, su trabajo no merece ser expuesto por vos. En todo caso podría servir para decorar una de mis enaguas».

Quitándose la falda, la geisha pidió entonces a Gessen que hiciera otra pintura para el dorso de su enagua.

«¿Cuánto me pagarás?», preguntó Gessen.

«Oh, eso es cuestión suya», dijo la geisha.

El monje fijó una cantidad exorbitante, pintó lo que se le pedía y, finalmente, se marchó.

Algún tiempo después, se supo que Gessen había tenido sus razones para desear acumular tanto dinero.

El hambre y la penuria solía hacer estragos en su tierra natal. El rico no ayudaba al pobre, de forma que Gessen se había hecho construir un almacén secreto en el que amontonaba el grano para estas emergencias.

La carretera que conducía de su aldea al Santuario Nacional se encontraba en pésimas condiciones, siendo un verdadero martirio para el caminante. Gessen se había propuesto construir una vía mejor.

Por último, su maestro había fallecido sin satisfacer su anhelo de erigir un templo zen, y Gessen quiso terminarlo en su nombre.

Una vez que vio cumplidos estos tres deseos, Gessen abandonó sus pinceles, así como los demás materiales de pintura, y, retirándose a las montañas, no volvió a pintar nunca.

48. La proporción exacta

Sen-no Rikyu, el maestro de la ceremonia del té, quiso una vez colgar un cesto de flores de una columna. Habiendo contratado los servicios de un carpintero, no dejó un momento de inspeccionar la labor de este, sugiriéndole que pusiese el cesto un poco más arriba o un poco más abajo, a la derecha o la izquierda, hasta que finalmente dio con el lugar exacto. «Ese es el sitio», dijo Sen-no Rikyu.

El carpintero, para probar al maestro, marcó el lugar y pretendió haberlo olvidado. «¿Era este? ¿Este otro tal vez?», iba preguntando a medida que señalaba puntos diversos en la superficie de la columna.

Pero era tan agudo el sentido de la proporción de Sen-no Rikyu, que su aprobación llegó solo cuando el dedo del carpintero se posó justo en el punto elegido anteriormente.

49. El buda de la nariz negra

Una monja que iba en pos de la iluminación construyó una estatuilla del Buda y la cubrió con un baño de oro. Dondequiera que fuese, no se separaba jamás de su Buda dorado.

Pasaron los años, siempre llevando el Buda consigo. La monja vivía ahora en un pequeño monasterio de una comarca lejana, en el cual había innumerables Budas, cada uno de ellos con su propio oratorio privado.

La monja quiso quemar incienso ante su Buda dorado. Pero, disgustada con la idea de que el perfume pudiese desviarse hacia los otros, recurrió a un embudo por el cual el humo ascendería solo a su estatua. Esto ennegreció la nariz del Buda dorado, que quedó así especialmente feo[40].

[40] Es evidente que la piedad bobalicona tiene muy poco que ver con el zen, el cual es más bien iconoclasta que idólatra. Recordemos la destrucción del pergamino del *Sutra de la Plataforma*, por el sexto patriarca, y la incineración del Buda de madera, por Tan-hsia, así como tantas otras anécdotas similares que muestran bien a las claras hacia dónde tiende el espíritu del zen.

50. La clara comprensión de Ryonen

La monja budista conocida por el nombre de Ryonen nació en 1797. Su abuelo había sido el famoso samuray Shingen. El genio poético y la tentadora belleza de la muchacha eran tales, que a los diecisiete años había entrado ya al servicio de la emperatriz como una de las damas de la Corte. A pesar de su juventud, estaba ya a las puertas de la fama.

Sucedió entonces que la emperatriz, por la que Ryonen sentía especial cariño, murió repentinamente, disolviéndose con ello todos los sueños y esperanzas de la joven cortesana. Había adquirido de pronto una aguda conciencia de la impermanencia de la vida en este mundo. Fue entonces cuando decidió dedicarse al estudio del zen.

Sus parientes no se mostraron conformes con esta decisión, y poco menos que a la fuerza fue inducida a contraer matrimonio. Con la promesa explícita de que se le permitiría hacerse monja una vez hubiera dado a luz a tres niños, Ryonen accedió. Antes de los veinticinco años había cumplido ya esa condición, y ni su esposo ni sus familiares pudieron entonces disuadirla de sus deseos por más tiempo. Se afeitó la cabeza y adoptó el nombre de Ryonen, que significa «clara comprensión». Hecho esto, dio comienzo a su peregrinaje.

Llegó a la ciudad de Edo, en donde pidió a Tetsugyu que la aceptase como discípula. Bastó que éste la mirase a la cara para rehusarse, pues era demasiado bonita.

Ryonen fue entonces a ver a Hakuo, otro maestro zen, el cual la rechazó por la misma razón, alegando que su belleza solo traería problemas.

Resuelta a todo, Ryonen tomó un hierro al rojo y lo estampó en la cara. En unos segundos su belleza se había desvanecido para siempre.

Hakuo la aceptó entonces como discípula.

Para conmemorar esta ocasión, Ryonen escribo un poema en el reverso de un pequeño espejo:

Al servicio de mi emperatriz, quemé incienso
[para perfumar mis delicadas ropas.
Ahora, como un mendido sin hogar, quemo mi
[cara para entrar en un monasterio zen.

Muchos años después, cuando Ryonen estaba a punto de dejar este mundo, escribió otro poema:

Sesenta y seis veces han contemplado estos ojos las
[cambiantes escenas del otoño.
Bastante he hablado ya de la luz de la luna.
No me preguntéis más.
Escuchad simplemente la voz de los pinos y de los
[cedros
cuando ningún viento se agita.

51. Miso agriado

El monje Dairyo, cocinero en el monasterio de Bankei, considerando que debía cuidar de la salud de su anciano maestro, resolvió no darle sino miso fresco, una especie de pasta hecha de semillas de soja mezcladas con trigo y levadura que frecuentemente fermenta. Advirtiendo que le había servido mejor miso que a sus pupilos, Bankei preguntó: «¿Quién es hoy el cocinero?».

Dairyo fue llevado a su presencia. Enterado de que, conforme a su edad y a su rango, se suponía que debía alimentarse solo de miso fresco, Bankei dijo al cocinero: «Entonces lo que piensas es que no debo comer nada de nada», tras lo cual se retiró a su cuarto y cerró con llave.

Dairyo permaneció sentado al otro lado de la puerta, pidiendo sin cesar perdón a su maestro. Durante siete días persistieron ambos en esta situación, Dairyo fuera y Bankei dentro. Por último, desesperado, un discípulo se dirigió a Bankei en alta voz: «Puede usted tener toda la razón, maestro, pero este pobre muchacho necesita comer. ¡No va a estar sin probar bocado toda la vida!».

Al oír esto, Bankei abrió la puerta. Sonreía. Dijo entonces a Dairyo: «Insisto en seguir comiendo lo mismo que el último de mis discípulos. No quiero que olvides esto cuando seas tú el maestro».

52. Tu luz puede apagarse

Un estudiante de tendai, una de las escuelas filosóficas del budismo, se inició en la meditación zen como discípulo de Gasan. Cuando se preparaba para marcharse, algunos años más tarde,

Gasan le advirtió: «Buscar la verdad por medio de la especulación es útil en cuanto que proporciona abundante material para la predicación. Pero recuerda que, a menos que medites constantemente, la luz de la verdad puede apagársete».

53. El donante debería estar agradecido

Cuando Seisetsu era el maestro del templo de Engaku, en Kamakura, clamaba constantemente por salas más grandes, ya que aquellas en las que impartía sus enseñanzas estaban siempre atestadas de discípulos. Un tal Umezu Seibei, rico mercader de Edo, decidió donar quinientas piezas de oro, llamadas *ryo*, para la construcción de una escuela más espaciosa. El mismo llevó en persona el dinero a Seisetsu.

Este dijo: «De acuerdo, lo tomaré».

Umezu le entregó el saco de oro, si bien no estaba nada satisfecho con la actitud del maestro. Una persona podía muy bien vivir un año entero con tres *ryo*, y a él ni siquiera la habían dado las gracias por quinientos.

«En ese saco hay quinientos *ryo*», insinuó.

«Eso me dijo antes», replicó Seisetsu.

«Por muy acaudalado que yo sea», protestó el comerciante, «quinientos *ryo* es un montón de dinero».

«¿Quiere que le dé las gracias por él?, preguntó Seisetsu.

«Debería haberlo hecho», contestó Umezu.

«¿Por qué debería?», dijo el maestro. «Es el donante quien tendría que estar agradecido».

54. Mi última voluntad y testamento

Ikkuyu, un famoso maestro zen de la era Ashikaga[41], era hijo del emperador. Siendo él niño, su madre abandonó el palacio y se fue a vivir a un monasterio zen. Con el tiempo, también Ikkuyu se convertiría en estudiante. Poco antes de morir, su madre le dejó escrita una carta. Decía lo siguiente:

[41] Periodo comprendido entre 1338 y 1573, también llamado Muromachi. Ikkuyu vivió del 1394 al 1481.

Para Ikkuyu:

He acabado mi trabajo en este mundo y retorno ahora al seno de la Eternidad. Me gustaría que llegases a ser un buen estudiante de zen y realizaras tu propia naturaleza búdica. Sabrías entonces si estoy en el infierno y si me encuentro siempre contigo o no.

Si algún día comprendes que hasta el propio Buda y su continuador Bodhidharma son tus servidores, podrás dejar tus estudios y trabajar por el bien de la Humanidad[42]*. El Buda Gautama predicó durante cuarenta y nueve años, y en todo ese tiempo no consideró necesario decir una sola palabra. Deberías saber por qué. Pero si no es así, y no obstante deseas saberlo, procura evitar todo pensamiento infructuoso.*

Tu madre,
No nacida, no muerta.
Primero de septiembre.

P. D.: Las enseñanzas del Buda tenían como propósito fundamental la iluminación de todos los seres humanos. Si dependes de alguno de sus métodos, no eres más que un insecto ignorante. Hay cerca de

[42] Esto es, convertirse en un bodhisattva. El deseo de ayudar a los demás en su camino hacia la iluminación es lo que distingue al budismo Mahayana (Gran vehículo) del Hinayana («Pequeño vehículo»).

80.000 libros que tratan sobre budismo, y si piensas que has de leértelos todos, solo para seguir permaneciendo ciego ante tu propia naturaleza interior, ni siquiera comprenderás esta carta. Esta es mi última voluntad y testamento.

55. El maestro del té y el asesino

Taiko, un samuray que vivía en el Japón antes de la era de los Tokugawa, estudió *Cha-no-yu*, la etiqueta del té, con Sen-no Rikyu, el maestro de esa peculiar expresión estética de la calma y la satisfacción interiores[43].

Kato, uno de los primeros oficiales de Taiko, convencido de que el entusiasmo de su superior por la etiqueta del té le había vuelto negligente con los asuntos de estado, se propuso matar a Sen-no Rikyu.

Fingiendo estar interesado en el *Cha-no-yu*, consiguió que este le invitara a tomar el té en su casa.

[43] Introducida en Japón por Eisai, a finales del siglo XII, la ceremonia monástica del té se secularizó tres siglos más tarde, y fue finalmente perfeccionada por Sen-no Rikyu (1518-1595), creador del *Cha-nou* propiamente dicho, de quien proceden las tres principales escuelas de té que existen en la actualidad.

Al maestro, que era un experto en su arte, le bastó una mirada para percatarse de las intenciones del oficial, así que sugirió a Kato que dejase su espada en la puerta, explicándole que el arte del *Cha-no-yu* simbolizaba el espíritu mismo de la paz[44].

Kato permaneció sordo a esta solicitud. «Soy un guerrero», dijo. «Llevo siempre mi espada conmigo. *Cha-no-yu o* no *Cha-no-yu*, no pienso separarme de ella».

«Está bien, entra entonces con tu espada y bebe una taza de té», consintió Sen-no Rikyu.

La tetera hervía en el fuego de carbón. De pronto, Sen-no Rikyu la volcó sobre las brasas. Silbando, el vapor se levantó, llenando la habitación de humo y cenizas. El asustado guerrero salió afuera corriendo.

Sen-no Rikyu se disculpó. «Fue culpa mía. Te ruego que vuelvas y tomes una taza de té. Tu espada está aquí, algo ennegrecida por las cenizas, pero me ocuparé de limpiarla mientras bebes».

[44] Se ha dicho que el sabor del zen (*ch'an* en chino) y el sabor del té (*ch'a*) son lo mismo.

En esta difícil situación, el guerrero comprendió que no podría matar al maestro, así que abandonó su propósito.

56. El verdadero sendero

Estando Ninakawa en su lecho de muerte, recibió la visita del maestro zen Ikkuyu. «¿Necesitas que te guíe en este paso?», le preguntó este.

«Vine solo a este mundo y solo me marcho», replicó Ninakawa. «¿De qué podría servirme tu ayuda?».

Ikkuyu respondió: «Si piensas que realmente vienes y vas, esa es tu ilusión. Déjame que te enseñe el sendero en el que no hay idas ni venidas».

Con estas palabras, Ikkuyu había revelado tan claramente el sendero que, con una sonrisa, Ninakawa falleció en el acto.

57. Las puertas del paraíso

Un soldado llamado Nobushige preguntó en cierta ocasión a Hakuin: «¿Hay verdaderamente un infierno y un paraíso?».

«¿Quién eres tú?», le interrogó Hakuin.

«Soy un samuray», replicó el guerrero.

«¿Tú, un soldado?», exclamó Hakuin. «¿Qué gobernante te aceptaría en su guardia? Tu cara recuerda la de un pordiosero».

Nobushige se enfureció al oír esto de tal forma que llevó amenazadoramente su mano al mango de la espada. Pero Hakuin prosiguió:

«¡Así que tienes una espada! Probablemente sea un arma demasiado burda para cortar mi cabeza».

Nobushige sacó la espada de su funda. Hakuin dijo: «¡Aquí se abren las puertas del infierno!».

Comprendiendo el sentido de las palabras del maestro, el samuray envainó la espada e hizo una reverencia.

«¡Aquí se abren las puertas del paraíso!», concluyó Hakuin.

58. El arresto del buda de piedra

Un comerciante que llevaba sobre los hombros cincuenta fajos de géneros de algodón se detuvo a descansar del calor del día a la sombra de un gran Buda de piedra que encontró en medio del camino. Enseguida se adormeció, y al despertar descubrió que sus mercancías habían desaparecido. Inmediatamente denunció el hecho a la policía.

Un juez llamado O-oka abrió la investigación. «Ese Buda de piedra debe haber robado las mercancías», sacó en consecuencia. «Se supone que está ahí para cuidar del bienestar de la gente, pero no ha sabido cumplir su sagrada misión. Arréstenlo».

El Buda de piedra fue apresado por la policía y llevado a los tribunales. Una ruidosa muchedumbre había seguido a la estatua, muerta de curiosidad por conocer qué clase de sentencia le sería impuesta por el juez.

Al aparecer O-oka en el estrado, reprendió a la vocinglera audiencia: «¿Con qué derecho os atrevéis a venir aquí, riéndoos y mofándoos de esa manera? Estáis en rebeldía ante la corte, y por lo tanto sujetos a proceso de multa y encarcelamiento».

La gente se apresuró en disculparse. «Tendré que imponeros una multa», dictaminó el juez. «Pero la consideraré pagada con tal que cada uno de vosotros traiga a la corte un fajo de géneros de algodón antes de tres días. Aquel que deje de hacerlo será arrestado.»

Los fajos de ropa fueron entregados. Uno de ellos fue de inmediato reconocido por el comerciante como suyo propio, y así se descubrió fácilmente al ladrón. El comerciante recobró su mercancía, y los fajos de algodón fueron devueltos a sus propietarios.

59. Soldados de la humanidad

Cierta vez, una división del ejército japonés estaba de maniobras, simulando una batalla contra el enemigo, y algunos de sus oficiales estimaron conveniente utilizar como cuartel general el monasterio de Gasan.

Gasan dijo a su cocinero: «Da de comer a los soldados exactamente lo mismo que a nosotros».

Esto enojó a los oficiales, acostumbrados como estaban a que les tratasen de una manera bien distinta. Uno de ellos increpó a Gasan: «¿Qué crees que somos? Somos soldados. Arriesgamos nuestras vidas por nuestro país. ¿Por qué no se nos trata como merecemos?».

Gasan replicó con severidad: «¿Qué crees tú que somos nosotros? Somos soldados de la Humanidad. Aspiramos a salvar a todos los seres vivientes».

60. El túnel

Zenkai, hijo de un samuray, entró al servicio de un alto oficial de Edo. Ocurrió que el joven se enamoró de la esposa de su superior, y cierto día tuvo la desgracia de ser sorprendido en su compañía. En defensa propia, Zenkai se vio obligado a matar al oficial, tras lo cual él y la mujer se dieron a la fuga.

Con el tiempo, ambos se convirtieron en bandidos. Pero la insaciable codicia de la mujer acabó asqueando a Zenkai, que decidió abandonarla. Marchó entonces a la lejana provincia de Buzen, donde subsistió como mendigo errante.

Para expiar su pasado, Zenkai resolvió dedicar el resto de su vida al ejercicio de buenas acciones. Habiendo sabido de un peligroso sendero que bordeaba un precipicio, en el cual habían encontrado la muerte varias personas, pensó en excavar un túnel a través de las montañas.

Zenkai mendigaba comida durante el día, y al caer la noche se aplicaba incansablemente a su trabajo. Pasados treinta años, el túnel tenía 2.280 *shakus* de largo, 20 de alto y 30 de ancho[45].

Dos años antes de que el túnel estuviese terminado, el hijo del oficial que había asesinado, un hábil espadachín, habiendo averiguado el paradero de Zenkai, llegó allí para vengarse.

«Te daré mi vida de buena gana», le dijo Zenkai. «Pero permíteme antes que de fin a mi tarea. El día que haya terminado, podrás matarme».

El hombre condescendió. Pasaron varios meses y Zenkai seguía excavando. Por fin, cansado de no hacer nada, el hijo del oficial comenzó a ayudarle con el pico y la pala. Al cabo de un año de trabajo en común, el fuerte carácter y la voluntad de hierro de Zenkai habían empezado a hacer mella en su espíritu.

Llegó el día en que el túnel estuvo listo, y la gente pudo viajar a través de él sin correr ningún riesgo.

[45] Un *shaku* equivale a 30,3 centímetros.

«Ya puedes cortarme la cabeza», dijo Zenkai al espadachín. «Mi trabajo está hecho».

«¿Cómo podría cortar la cabeza de mi propio maestro?», exclamó entonces el hombre con lágrimas en los ojos.

61. Gudo y el emperador

El emperador Goyozei era discípulo de Gudo. Un día le preguntó: «Para el zen, la propia mente es Buda. ¿Es esto correcto?».

Gudo respondió: «Si te dijera que sí, pensarías que comprendes sin haber comprendido. Si te dijera que no, estaría contradiciendo un hecho que muchos comprenden muy bien».

En otra ocasión, el emperador preguntó: «¿Adonde va el hombre iluminado cuando muere?».

«No lo sé», confesó Gudo.

«¿Por qué no lo sabes?», insistió el emperador.

«Porque no he muerto todavía», replicó Gudo.

Goyozei dudaba si seguir adelante o no con estas cuestiones que su mente no podía comprender. Entonces Gudo golpeó el suelo con la palma de su mano, como si quisiera despertarlo, y el emperador fue iluminado.

A partir de este incidente, Goyozei respetó el zen y a su maestro mucho más si cabe que antes, permitiendo incluso que Gudo llevase puesto su sombrero en el interior de palacio en invierno. Cuando este llegó a la edad de ochenta años, solía quedarse dormido en medio de sus lecciones, y entonces el emperador, con sumo cuidado, lo trasladaba a otro cuarto, de forma que su querido maestro pudiese disfrutar del descanso que exigía su cansado cuerpo.

62. En las manos del destino

Un famoso guerrero japonés, llamado Nobunaga[46], decidió atacar al enemigo a pesar de ser este diez veces superior en número. Estaba seguro de la victoria, pero sus hombres no pensaban lo mismo.

[46] Oda Nobunaga (1534-1582), uno de los «tres unificadores» del Japón.

De camino hacia el campo de batalla, Nobunaga se detuvo ante un santuario shintoísta[47] y anunció a los soldados: «Después de visitar el templo, lanzaré una moneda al aire. Si sale cara, ganaremos; si cruz, seremos derrotados. El destino nos tiene en sus manos».

Nobunaga entró en el santuario y oró en silencio. Al salir, tiró la moneda. Salió cara. Sus soldados se lanzaron al combate con tal vehemencia que la batalla cayó fácilmente de su lado[48].

«Nadie puede alterar los designios del destino», le dijo al general, después de la victoria, uno de sus oficiales.

«Nadie, ciertamente», asintió Nobunaga, sacando del bolsillo una moneda trucada, con una cara en cada lado.

---

[47] Nobunaga era devoto del Thinto, la más antigua religión japonesa, así como un acérrimo antibudista. En 1571, en la que fue la más terrible acción de su carrera, prendió fuego a los monasterios de Hieizan, destruyendo tres mil edificios y dando muerte a miles de monjes.

[48] Se trata de la batalla de Owari (1560), en la que Nobunaga, al mando de solo 2.000 hombres, se impuso a los 25.000 del *daymio* Imagawa Yoshimoto, con lo cual se le abrieron las puertas de Kioto.

63. Matar

Gasan dijo un día a sus seguidores: «Aquellos que hablan en contra del acto de matar a un semejante, y respetan la existencia de todos los seres conscientes, están en lo cierto. Es bueno proteger incluso a los animales e insectos. Pero ¿qué decir de esas personas que matan el tiempo, qué decir de aquellos que destruyen la salud, o de esos otros que destrozan la economía del estado? No deberíamos pasarlos por alto. Tanto más, ¿qué decir de aquel que predica sin ser iluminado? ¡Está matando al budismo!».

64. El sudor de Kasan

Una vez pidieron a Kasan que oficiara en el funeral de un noble de la comarca.

Kasan no había tenido trato con nobles anteriormente, y a causa de ello se puso muy nervioso. Cuando dio comienzo la ceremonia, sudaba visiblemente.

Más tarde, de vuelta al monasterio, Kasan reunió a sus pupilos. Les explicó que aún no estaba cualificado para ser su maestro, ya que no sabía desenvolverse en el mundo exterior con la misma naturalidad que entre los muros del templo. Así que renunció a su cargo y se hizo discípulo de otro maestro. Ocho años más tarde volvería con sus antiguos discípulos, iluminado.

65. La subyugación del fantasma

Una mujer joven había caído muy enferma y estaba a punto de morir. «Te quiero tanto», le dijo a su marido. «No querría tener que dejarte, pero, si así ocurriera, no cambies nunca mi recuerdo por la compañía de otra mujer. Si lo haces, volveré en la forma de un fantasma y seré para ti causa de problemas sin fin».

Poco después la mujer fallecía. El marido respetó su último deseo durante los tres primeros meses, pero entonces conoció a una joven y se enamoró de ella. Pronto estaban prometidos en matrimonio.

La misma noche del compromiso, un fantasma se le apareció al hombre, acusándolo de no haber cumplido su promesa. Volvió la noche siguiente, y la otra. Parecía saberlo todo. Le contaba exactamente lo que había sucedido durante el día entre él y su nuevo amor. Siempre que hacía un regalo a su prometida, el fantasma se lo describía hasta el último detalle. Podía repetir incluso conversaciones enteras, y eso causaba tal molestia al novio que no podía dormir. Alguien le aconsejó que fuese a contar su problema a un maestro zen que vivía cerca del pueblo, y al fin, desesperado, el pobre hombre recurrió a él en busca de ayuda.

«Tu anterior esposa se transformó en fantasma y se entera de todo cuanto haces», comentó el maestro. «Cualquier cosa que hagas o digas, cualquier regalo que obsequies a tu prometida, ella lo sabe. Ha de ser un fantasma muy inteligente. Deberías sentirte orgulloso. La próxima vez que aparezca, haz un pacto con ella. Dile que, puesto que sabe tanto, no podrías ocultarle nada, y que si contesta a una pregunta, una sola, prometes romper tu compromiso y permanecer soltero el resto de tu vida».

«¿Cuál es la pregunta que debo formular?», preguntó el hombre.

El maestro respondió: «Coge un buen puñado de semillas de soja y pregúntale cuántos granos tienes exactamente en la mano. Si no puede contestar, sabrás que el fantasma era solo un producto de tu imaginación, y no volverá a molestarte».

La noche siguiente, cuando llegó el fantasma, el hombre lo aduló y le dijo que era un fantasma muy sabio, ya que lo sabía todo.

«Efectivamente», replicó el fantasma, «como sé también que fuiste a ver a ese maestro zen esta tarde».

«Ya que tanto sabes», sugirió el hombre, «dime cuántos granos tengo en esta mano».

No había allí ya ningún fantasma que pudiese responder a la pregunta.

66. Los niños de su majestad

Yamaoka Tesshu desempeñaba el cargo de tutor del emperador. Era también un reconocido maestro en el arte de la esgrima y un profundo estudioso del zen.

Su casa constituía el refugio de todos los vagabundos. No poseía más que el traje que llevaba puesto, pues sus huéspedes eran pobres y Yamaoka no guardaba nada para sí.

Un día, viendo lo gastadas que estaban sus ropas, el emperador le rogó que aceptase algo de dinero para comprarse otras nuevas. Pero cuando Yamaoka volvió, seguía luciendo la misma vieja indumentaria.

«¿Qué fue de tu traje nuevo?», le preguntó el emperador.

«Vestí a los niños de Su Majestad», explicó Yamaoka.

67. ¡Qué estás haciendo! ¡Qué estás diciendo!

En los tiempos modernos se ha dicho una gran cantidad de disparates sobre los maestros y sus discípulos, especialmente en lo que se refiere al legado que deja un maestro a sus pupilos favoritos, dándoles el derecho a transmitir la verdad a sus allegados. Por supuesto, el zen debería ser impartido de este modo, de corazón a corazón, y así sucedía efectivamente en el pasado, cuando rimaban el silencio y la humildad más bien que la profesión y la aserción. Aquel que recibía la sagrada enseñanza la mantenía bien escondida durante mucho tiempo, hasta veinte años si llegaba el caso. Nunca antes de que otro descubriese, por ineludible necesidad, que tenía a mano un verdadero maestro, se sabía que la enseñanza había sido impartida, e incluso entonces esta surgía naturalmente, por su propio peso. Bajo ninguna circunstancia proclamaba jamás el maestro: «Soy el sucesor de tal o cual». Semejante proclama habría probado precisamente todo lo contrario.

El maestro zen Mu-nan tuvo un único sucesor. Su nombre era Shoju[49]. Al haber completado este sus estudios de zen, Mu-nan lo llamó a su cuarto. «Me estoy haciendo viejo», le dijo, «y que yo sepa, Shoju, tú eres el único capacitado para conservar esta enseñanza. Aquí tienes este libro. Ha ido pasando de maestro a maestro durante siete generaciones. Yo mismo he añadido también algunas notas conforme a mi entendimiento. El libro tiene un gran valor, y te lo entrego como símbolo de la sucesión».

[49] El maestro de Hakuin.

«Si ese libro es algo tan importante», replicó Shoju, «será mejor que lo conserves. Recibí tu zen sin necesidad de escritura alguna, y estoy satisfecho de que haya sido así».

«Lo sé», dijo Mu-nan. «Sin embargo, este trabajo se ha transmitido de un maestro a otro durante siete generaciones, de forma que debes quedártelo como muestra de haber recibido la enseñanza. Aquí lo tienes; tómalo».

Daba la circunstancia de que ambos estaban hablando frente a un brasero. Al momento de sentir el libro entre sus manos, Shoju lo arrojó sobre los carbones encendidos. No tenía interés en poseer nada.

Mu-nan, que nunca se había enfadado antes, exclamó: «¡Qué estás haciendo!».

Shoju le devolvió el grito: «¡Qué estás diciendo!».

68. Una nota del zen

Después de su entrevista con el emperador, Kakua desapareció y nadie volvió a saber nada de él. Fue el primer japonés que estudió el zen en China, pero como no enseñó nada de él a su vuelta, excepto una nota, no pasó a la historia como el hombre que introdujo el zen en su país.

Kakua, en efecto, había vivido en China, donde recibió la verdadera enseñanza. No viajó a ninguna parte mientras estuvo allí. Dedicaba todo su tiempo a la meditación en un remoto rincón de la montaña. Si ocurría que alguien iba a visitarle para plantearle alguna cuestión sobre el zen, él se limitaba a responder con unas pocas palabras y corría a refugiarse en otro lugar de las montañas donde no pudiera ser encontrado tan fácilmente.

Cuando volvió al Japón, el emperador, que había oído hablar de él, pidió que predicase el zen para su propia iluminación y la de sus súbditos.

Kakua permaneció de pie, en silencio, frente al emperador. Improvisó entonces una flauta con los pliegues de su túnica y silbó una breve nota. Hizo una cortés reverencia y desapareció.

69. Comiéndose la propia culpa

Ciertas circunstancias retrasaron un día la preparación de la cena del maestro zen de la secta

Soto, Fugai, y sus discípulos[50]. Apresurándose, el cocinero salió con un cuchillo al jardín y .cortó varias clases de legumbres, que troceó y mezcló para hacer una sopa, ignorando que, en su precipitación, había incluido parte de una pequeña serpiente entre las hortalizas.

Los discípulos de Fugai confesaron no haber probado nunca antes una sopa tan exquisita. Pero cuando el propio maestro encontró en su cuenco la humeante cabeza del oficio, hizo llamar inmediatamente al cocinero. «¿Qué es esto?», le preguntó, sosteniendo en alto la cabeza de la serpiente.

«Oh, muchas gracias, maestro», replicó el cocinero, tomando el bocado y comiéndoselo rápidamente.

70. La cosa más valiosa del mundo

Un estudiante preguntó al maestro chino Sozan[51]. «¿Cuál es la cosa más valiosa del mundo».

[50] Ya se ha dicho en otra ocasión que las condiciones climáticas de China y Japón hicieron imprescindible la implantación de la cena en los monasterios. Para tranquilizar su conciencia, los monjes de estas latitudes la llamaron «comida medicinal» (*yuen-shih* en chino).

[51] Ts'ao-shan (840-901).

El maestro dijo: «La cabeza de un gato muerto».

«¿Por qué la cabeza de un gato muerto es la cosa más valiosa del mundo?», inquirió el estudiante.

Sozan replicó: «Porque nadie puede decir su precio».

71. Aprendiendo a callarse

Los estudiantes de la escuela Tendai solían practicar la meditación mucho antes de que el zen llegase al Japón. Cuatro de estos estudiantes, amigos íntimos, se prometieron el uno al otro en cierta ocasión observar siete días de absoluto silencio.

Durante el primer día, todos permanecieron callados. Su meditación había empezado con buen pie. Pero al caer la noche, como fuera que la luz de las lámparas de aceite había empezado a palidecer, uno de los estudiantes no pudo evitar decir a un sirviente: «Recarga esas lamparas».

Un segundo estudiante se quedó estupefacto al oír hablar al primero. «Se suponía que no íbamos a decir una palabra», observó.

«Sois los dos unos estúpidos. ¿Por qué habéis hablado?», preguntó un tercero.

«Yo soy el único que no digo nada», concluyó el cuarto estudiante.

72. El aristócrata zoquete

Dos maestros zen, Daigu y Gudo, fueron invitados a la mansión de un noble que quería financiar la construcción de un templo. Nada más llegar, Gudo le dijo: «Sois sabio por naturaleza, y me complace observar que poseéis una habilidad innata para el aprendizaje del zen».

«¡Tonterías!», exclamó Daigu. «¿Por qué adulas a este zoquete? Puede que sea un noble señor, pero en cuanto respecta al zen no es más que un vulgar analfabeto».

Consecuencia de ello fue que, en lugar de construir el templo para Gudo, el aristócrata prefirió a Daigu y se convirtió en su discípulo.

73. Diez sucesores

Los estudiantes zen juran solemnemente que se aplicarán a su aprendizaje por encima de cualquier riesgo, aun el de ser asesinados por su propio maestro. Frecuentemente se practican un corte en un dedo, sellando así su resolución con sangre. Al cabo del tiempo, este voto se ha convertido en una mera formalidad, y por esa razón el pupilo que murió a manos de Ekido ha pasado a la historia como un mártir.

Ekido era un maestro muy riguroso. Sus discípulos lo temían. Sucedió que uno de ellos, encargado de sonar el gong para anunciar la hora, descuidó en cierta ocasión su deber al quedar prendado por la belleza de una joven que pasaba por la puerta del monasterio.

En ese momento, Ekido, que se encontraba justamente detrás de él, le atizó en la cabeza con un palo. El golpe resultó ser tan fuerte que lo mató.

Enterado del accidente, el tutor del muchacho fue directamente a ver a Ekido. Convencido de que la culpa no era suya, en vez de recriminarle lo alabó por la severidad de sus métodos. La actitud del maestro no varió un ápice después de aquel dramático suceso, y a su muerte dejó tras de sí más de una decena de iluminados sucesores, un número nada frecuente.

74. Una reforma verdadera

Ryokan dedicó su vida entera al estudio del zen. Un día se enteró de que su sobrino, haciendo caso omiso de las advertencias de sus familiares, estaba dilapidando su patrimonio con una cortesana. Dado que este había ocupado el lugar de Ryokan en la dirección de los asuntos de la familia, y viendo sus propiedades en grave peligro de desaparecer del todo, los parientes pidieron a Ryokan que hiciese algo al respecto.

Un largo viaje tuvo que hacer Ryokan para visitar a su sobrino, al que hacía muchos años que no veía. Este pareció muy contento de encontrarse de nuevo con su tío, y le invitó a pasar la noche en su casa.

Ryokan estuvo sentado en la postura de meditación hasta el alba. Cuando se disponía a partir, por la mañana, dijo a su joven pariente: «Debo de estar haciéndome viejo; me tiemblan las manos y no soy capaz de atar las correas de mis sandalias de paja. ¿Querrías ayudarme».

El sobrino hizo lo que se le pedía gustosamente. «Gracias», concluyó Ryokan. «Ya ves, nos vamos haciendo más y más viejos y débiles a cada día que pasa. Cuídate mucho». Dicho esto se marchó, sin haber mencionado una sola palabra sobre la cortesana ni sobre las quejas de los parientes. Sin embargo, desde aquella mañana, el desenfreno y las disipaciones del sobrino tocaron a su fin.

75. Temperamento

Un estudiante se quejaba en cierta ocasión ante Bankei: «Maestro, tengo muy mal temperamento. ¿Cómo podría controlarlo?».

«Tienes algo muy raro», replicó Bankei. «Déjame verlo».

«No puedo enseñarlo en este momento», dijo el otro.

«¿Cuándo podrás hacerlo?», preguntó Bankei.

«Surge de improviso», contestó el estudiante.

«Entonces», concluyó el maestro, «no debe ser tu propia naturaleza. Si lo fuera, podrías enseñármelo cuando quieras. No lo llevabas contigo cuando naciste, y tus padres no te lo dieron. Piensa en ello».

76. La mente de piedra

Hogen, un maestro zen chino[52], vivía solo en una ermita en el campo. Un día, cuatro monjes viajeros que pasaban por allí le pidieron permiso para encender un fuego en su patio y calentarse un poco.

Mientras estaban preparando la hoguera, Hogen los oyó hablar sobre la objetividad y la subjetividad. Uniéndose a la discusión, dijo:

«Ahí tenéis esa gran piedra. ¿Dónde consideráis que está, dentro o fuera de vuestra mente?».

Uno de los monjes replicó: «Desde el punto de vista budista, todas las cosas son objetivaciones de la mente, así que yo diría que la piedra está dentro de mi cabeza».

«Debes tener la cabeza muy pesada», observó Hogen, «si llevas en tu mente una piedra tan grande como esa».

---

[52] Hogen Mon-yeki (Fa-yen Wen-i, muerto en 958), fundador de la rama Hogen del budismo zen.

77. No apegarse al polvo

Zengetsu, un maestro chino de la dinastía T'ang, redactó las siguientes exhortaciones para sus discípulos:

Vivir en el mundo sin apegarse al polvo del mundo: ese es el camino de todo verdadero estudiante de zen.

Cuando presencies las buenas acciones de otro, anímate a seguir su ejemplo. Cuando te hablen de su mala conducta, prométete no emularlo.

Aunque estando solo en una habitación oscura, compórtate como si estuvieras ante un noble huésped. Exterioriza tus sentimientos, pero no seas más expresivo que tu propia naturaleza.

La pobreza es tu tesoro. No la cambies nunca por una vida fácil.

Una persona puede parecer un loco y sin embargo no serlo. Tal vez solo esté guardando su sabiduría con esmero.

Toda virtud es fruto de tu autodisciplina. No cae sin más del cielo como la lluvia o la nieve.

La modestia es la base de todas las virtudes. Deja que tus vecinos te conozcan antes de darte a conocer tú a ellos.

Un noble corazón jamás se fuerza a sí mismo. Sus palabras son como raras gemas, pocas veces exhibidas y de un valor inestimable.

Para un estudiante sincero, cualquier día es un día de suerte. El tiempo pasa, pero él nunca queda rezagado. Ni la gloria ni la vergüenza lo inmutan. Censúrate a ti mismo, nunca a los demás. No discutas lo que es correcto o lo que está equivocado.

Algunas cosas, aunque verdaderas, se tuvieron como falsas durante generaciones enteras. Puesto que el valor de la honradez se reconoce con el paso de los siglos, no hay por qué anhelar una estima inmediata.

Vive con causa y deja los resultados a la gran ley del universo. Pasa los días en tranquila contemplación.

78. Verdadera prosperidad

Un hombre rico pidió una vez a Sengai que escribiese algo en favor de la continua prosperidad de su familia, de forma que fuese transmitiéndose de una generación a otra.

Tomando una gran hoja de papel, Sengai escribió: «El padre muere, el hijo muere, el nieto muere».

Esto irritó al hombre, que exclamó: «¡Te pedí que escribieras algo para la felicidad de mi familia! ¿Qué clase de broma es esta?».

«No es ninguna broma», replicó Sengai. «Si tu hijo muriese antes que tú, esto te afligiría mucho. Si tu nieto tuviese que dejar este mundo antes que tu hijo, a ambos se os rompería el corazón. Pero si tu familia, generación tras generación, va muriendo según el orden en que lo he escrito, será el curso natural de la vida. A eso lo llamo yo verdadera prosperidad».

79. El incensario

Una mujer de Nagasaki llamada Kame se dedicaba a la fabricación de incensarios. Estos instrumentos son en el Japón un delicado trabajo de artesanía, y se utilizan solo en las salas de té o ante los oratorios familiares.

Kame, cuyo padre había sido un destacado artista del mismo gremio, era bastante aficionada a la bebida. Fumaba también, y se bastaba a sí misma para asociarse con hombres y sacar adelante su pequeño negocio. Siempre que conseguía reunir algo de dinero, celebraba una fiesta a la que invitaba a artistas, poetas, carpinteros y trabajadores, hombres de todas las vocaciones y profesiones. Hablaba con ellos y sacaba ideas nuevas para sus diseños.

Kame era extraordinariamente lenta en su actividad creativa y, en consecuencia, su productividad era escasa, pero una vez que su trabajo estaba terminado, había que considerarlo sin excepción como una obra de arte. Sus incensarios se atesoraban en hogares cuyas mujeres nunca bebían, ni filmaban, ni se asociaban libremente con hombres.

Un día, el alcalde de Nagasaki le encargó un incensario. Kame, al cabo de casi medio año, no había encontrado aún el diseño definitivo. El alcalde, que esperaba ser trasladado en breve a una ciudad distante, la apremió entonces para que diese comienzo a su trabajo.

Recibida al fin la inspiración, Kame fabricó el incensario. Una vez terminado, lo colocó sobre una mesa y se quedó mirándolo larga y detenidamente.

Fumó y bebió ante él como si se tratase de un compañero de conversación. Todo el día se lo pasó observándolo.

Finalmente, cogiendo un martillo, lo hizo pedazos.

No era la creación perfecta que su mente había imaginado.

80. El auténtico milagro

Cuando Bankei predicaba en el templo de Ryumon, un sacerdote de la secta Shinshu, que creía poder llegar a la salvación personal mediante la repetición insistente del nombre del Buda del Amor, se sintió celoso de sus grandes audiencias, y por último decidió ir a discutir con él para dejarlo en ridículo.

Bankei se encontraba en la mitad de su disertación cuando llegó el sacerdote, pero este armó tal alboroto que el maestro no tuvo más remedio que interrumpir el discurso y preguntar a qué venía todo ese jaleo.

«El fundador de nuestra secta»[53], se jactó el sacerdote, «poseía poderes mágicos tan extraordinarios que, sosteniendo un pincel en la orilla de un río, mientras su ayudante permanecía en la orilla opuesta con un papel en la mano, era capaz de escribir el sagrado nombre del Buda Amida a través del aire. ¿Podrías acaso hacer tú una maravilla semejante?».

«Tal vez ese viejo zorro supiese hacer ese truco», replicó Bankei con el brillo del esclarecimiento en los ojos, «pero estas no son las maneras del zen. Cuando tengo hambre, como. Cuando tengo sueño, duermo. Ese es mi milagro[54].

81. Hora de dormir

Gasan estaba a la cabecera del lecho de Tekisui tres días antes de la muerte de su maestro. Este le había elegido ya como su sucesor.

---

53 Se refiere a Shinran, místico pietista japonés del siglo XIII.

54 Cuando le preguntaron en qué consistía el tal milagro, ya que eso lo hacía todo el mundo, Bankei replicó: «Los demás, cuando comen, no comen en realidad, sino que andan dando vueltas a los más diversos asuntos, dejándose perturbar por sus pensamientos, que los apartan del hecho de comer; si duermen, no es dormir lo que hacen, sino soñar en un sin fin de cosas. Por eso ellos no son como yo».

Un incendio había reducido recientemente a cenizas un monasterio, y Gasan se hallaba muy atareado con los trabajos de reconstrucción. «¿Qué piensas hacer cuando esté terminado?», le preguntó Tekisui.

«Cuando te hayas recuperado de tu enfermedad, queremos que vayas allí a hablar de budismo», dijo Gasan.

«Supón que no esté ya vivo entonces».

«Buscaría algún otro», replicó Gasan.

«Supón que no encuentras a nadie», insistió Tekisui.

«Basta de tonterías», contestó Gasan, levantando la voz. «Cállate y duerme».

82 Nada existe

Cuando era un joven estudiante de zen, Yamaoka Tesshu solía ir de un maestro a otro. En cierta ocasión hizo una visita a Dokuon, que vivía en el monasterio de Shokoku[55].

[55] Uno de los «Cinco Templos» de Kioto en el periodo Kamakura.

Ansioso por demostrar sus conocimientos, Yamaoka declaró: «La mente, el Buda y todos los seres vivientes, al fin y al cabo, no existen. La verdadera naturaleza de los fenómenos es el vacío. No hay realización, no hay ilusión; no hay sabiduría ni ignorancia. No hay nada que dar, nada que pueda ser recibido».

Dokuon, que fumaba tranquilamente, no hizo comentario alguno. De repente, se levantó y golpeó fuertemente a Yamaoka con su pipa de bambú. El joven estudiante montó en cólera.

«Si nada existe», inquirió Dokuon, «¿de dónde viene esa furia?».

83. Quien no trabaja no come

Hyakujo[56] solía trabajar la tierra con sus discípulos aun a la edad de ochenta años. Diariamente arreglaba los jardines, limpiaba el terreno y podaba los árboles.

[56] El maestro chino Pai-chang (720-814), fundador del sistema *Zendo*, esto es, quien inició la vida monástica propiamente zen, reglamentando minuciosamente las funciones cotidianas de los monjes.

Los pupilos se lamentaban de que su anciano maestro trabajase tan duramente, pero, sabiendo que no se dejaría convencer por ellos, convinieron en que lo mejor sería esconder sus herramientas en algún sitio donde no pudiera encontrarlas.

El día que llevaron a cabo su plan, Hyakujo no probó bocado. Lo mismo hizo al día siguiente, y al otro. «Debe estar enfadado porque hemos escondido sus herramientas», pensaron los monjes. «Tal vez sería mejor que se las devolviéramos».

Así lo hicieron. Al día siguiente, el maestro trabajó y comió como solía hacer antes. «Quien no trabaja, no come»[57], dijo a sus discípulos por la tarde.

84. Los dos amigos

Hace mucho tiempo, vivían en China dos amigos. Uno de ellos tocaba el laúd primorosamen-

[57] Cf. II Tesalonicenses, 3,10: «Si alguno no quiere trabajar, tampoco coma», máxima que significativamente adoptaría San Francisco de Asís como primera regla de su Hermandad. No ha de verse en esto, sin embargo, un trasfondo moralizante, del tipo «*habrás de ganarte el pan con el sudor de tu frente*», sino más bien una exhortación a la actividad física y mental, como correctivo de la indolencia contemplativa tan frecuente en la vida monástica.

te, y el otro era tan buen oyente como aquel intérprete.

Cuando el primero entonaba una canción sobre una montaña, el segundo decía: «Puedo ver la montaña frente a nosotros». Si la música aludía al agua, exclamaba: «¡He aquí la rápida corriente!».

Pero sucedió que el amigo que escuchaba cayó muy enfermo y murió. El otro rompió entonces las cuerdas de su laúd y no volvió a tocar nunca. Desde aquel día, romper las cuerdas del laúd ha sido en China un signo de amistad íntima.

85. Cuando llega la hora

Ikkuyu, el maestro zen, era muy listo aun siendo un muchacho. Su maestro poseía una preciosa taza de té, una antigüedad muy rara y de gran valor. Un día, Ikkuyu la rompió sin darse cuenta. Oyendo entonces el ruido de las pisadas de su maestro, escondió precipitadamente las piezas rotas tras de sí. Al entrar aquel en el cuarto, Ikkuyu le preguntó: «Maestro, ¿por qué la gente tiene que morir?».

«Es lo natural», explicó el viejo. «Todas las cosas tienen que morir, como tienen también tiempo para vivir».

Ikkuyu sacó entonces la taza rota y dijo: «Maestro, le ha llegado a su taza la hora de morir».

86. El buda viviente y el fabricante de bañeras

Los maestros zen suden adiestrar a sus discípulos de uno en uno, retirándose con ellos a solas a una habitación. Nadie entra allí mientras profesor y pupilo permanecen juntos[58].

A Mokurai, el maestro del templo de Kennin, en Kioto, le gustaba conversar con comerciantes y vendedores de periódicos tanto como con propios discípulos. Cierto fabricante de tinas de baño, prácticamente analfabeto, solía ir frecuentemente a verlo. Hacía un par de preguntas estúpidas, bebía el té con Mokurai y luego se marchaba.

[58] Esta es una costumbre relativamente moderna. En los primeros tiempos del zen, todos los *mondos* (preguntas y respuestas) tenían lugar ante la comunidad en pleno, según establecían las disposiciones de Hyakujo. Pero esto trajo consigo resultados indeseables, tales como el formalismo repetitivo, etc., y por ello, en la actualidad, el *sanzen* se realiza en privado.

Un día que él estaba allí, Mokurai quiso dar instrucción personal a un discípulo, por lo que pidió al hombre que tuviese la amabilidad de esperarlo en otra habitación.

«Tengo entendido que eres un Buda viviente», protestó el fabricante de tinas. «Pero ni siquiera los Budas de piedra de este templo rehuyen jamás a las personas que se les acercan. ¿Por qué debo yo ser excluido?».

Mokurai tuvo que salir afuera para ver al monje.

87. Tres clases de discípulos

Un maestro zen llamado Gettan vivía en las postrimerías de la era de los Tikugawa. Solía decir: «Hay tres clases de discípulos: aquellos que a su vez enseñarán el zen a otros, aquellos que cuidan del templo y los santuarios, por fin están los sacos de arroz y los percheros»[59].

[59] Se refiere a aquellos que solo piensan en satisfacer su propio cuerpo, entregándose a la indolencia. La expresión «saco de arroz» ha sido frecuentemente usada por los maestros zen a través de los siglos.

Gasan expresó la misma idea. Estudiaba el zen con Tekisui, un maestro muy severo que incluso le pegaba en ocasiones. Muchos compañeros suyos, incapaces de soportar este trato, se marcharon. Pero Gasan se quedó, diciendo: «Un discípulo mediocre utiliza la influencia de su maestro. Un discípulo mediano admira la bondad del maestro. Un buen discípulo se hace más fuerte bajo la disciplina del maestro».

88. Cómo escribir un poema chino

A un famoso poeta japonés le preguntaron en cierta ocasión cómo se componía un poema al modo chino.

«El poema chino corriente consta de cuatro versos», explicó. «El primer verso contiene la frase inicial; el segundo, la continuación de esa frase; el tercero rompe con el tema y da entrada a uno nuevo; el cuarto verso sintetiza los tres anteriores. Una canción japonesa ilustra esto:

Dos hijas de un comerciante en sedas viven
[en Kioto.

Veinte años tiene la mayor; dieciocho la pequeña.
Un soldado puede quitar la vida a un hombre con
[su espada.
Pero estas muchachas matan con sus ojos».

89. Diálogo zen

Los maestros zen enseñan a sus jóvenes pupilos a expresarse por sí mismos. Dos monasterios zen, vecinos entre sí, tenían cada uno de ellos un pequeño protegido. Sucedió que uno de ellos, yendo por la mañana a comprar legumbres, se encontró con el otro en el camino.

«¿Adonde vas?», le preguntó al verlo.

«Voy a donde mis pies me lleven», respondió el otro.

Esto dejó confundido al primer pupilo, que fue enseguida a consultar a su maestro. «Mañana por la mañana», le aconsejó este, «cuando vuelvas a encontrarte con ese muchacho, repítele la pregunta que le formulaste hoy. Te responderá lo mismo, y entonces tú le dirás: «Supón que no tuvieses pies. ¿Adonde irías entonces?». Esto lo pondrá sin duda en un buen aprieto.

Los dos muchachos se encontraron a la mañana siguiente.

«¿Adonde vas?», preguntó el primero.

«Voy allá donde me lleve el viento», respondió el otro.

Esto volvió a dejar perplejo al jovencito, que contó su fracaso a su maestro.

«Pregúntale adonde iría si no soplase el viento», le sugirió este.

Al día siguiente se encontraron por tercera vez.

«¿Adonde vas?», preguntó el primero.

«Voy al mercado a comprar legumbres», replicó el otro.

90. El último capón

Tangen había sido pupilo de Sengai desde su más tierna infancia. Al cumplir los veinte años, sintió deseos de conocer a otros maestros para poder hacer un estudio comparativo, pero Sengai no se lo permitía. Siempre que Tangen hacía alguna sugerencia al respecto, su maestro le propinaba un capón.

Por fin, Tangen pidió a un monje de mayor edad que intercediese por él ante Sengai. «Está arreglado», le confirmó poco después su compañero. «He hablado con Sengai y me ha dicho que puedes marcharte cuando quieras».

Tangen fue a dar las gracias a su maestro. La respuesta de Sengai fue un capón aún más fuerte que los anteriores.

Cuando Tangen contó lo sucedido al otro monje, este quedó sorprendido. «¿Qué significa esto?», dijo. «No tiene sentido que Sengai acceda a tu petición y luego cambie de idea tan fácilmente. Iré a decírselo». Y fue de nuevo a hablar con el maestro.

«No he cancelado el permiso», le aseguró Sengai. «Simplemente quise darle un último golpecito a ese muchacho, pues no podré ya volver a reprenderle cuando vuelva iluminado».

91. El temple de la espada de Banzo

Matajuro Yagyu era hijo de un famoso espadachín. Su padre, creyendo que el muchacho no reunía las condiciones necesarias para llegar a ser un maestro en su arte, renegó de él.

Matajuro fue entonces al monte Futura, donde encontró al famoso espadachín Banzo. Este, sin embargo, no hizo sino confirmar el juicio de su padre. «¿Así que deseas aprender conmigo a manejar la espada?», le dijo. «Lo siento, pero no cumples los requisitos».

«Pero si trabajo duro», insistió el joven, «¿cuántos años me tomaría convertirme en un maestro?».

«El resto de tu vida», replicó Banzo.

«No puedo esperar tanto», declaró Matajuro. «Estoy dispuesto a pasar por lo que sea con tal de que me enseñes. Si me convierto en su fiel servidor, ¿cuánto podría ser?».

«Oh, puede que diez años», cedió Banzo.

«Mi padre está haciéndose viejo y pronto tendré que ir a cuidar de él», continuó Matajuro. «Si trabajo a toda intensidad, ¿cuánto tardaría?».

«Oh, puede que treinta años», dijo Banzo.

«¿Cómo?», exclamó sorprendido Matajuro. «Primero dices que diez y ahora treinta. Te aseguro que me sometería de buena gana a cualquier penalidad, solo por convertirme en un maestro de este arte en el mínimo de tiempo».

«Bien», dijo Banzo, «en ese caso tendrás que quedarte conmigo setenta años. Un hombre con tanta prisa como tú por obtener resultados rara vez aprende rápidamente».

«Muy bien», declaró el joven, comprendiendo al fin que lo estaban censurando por su impaciencia, «estoy de acuerdo».

No es sabido que, a partir de entonces, Matajuro volviese a hablar de la esgrima o empuñase una espada. Cocinó para su maestro, lavaba los platos, le hacía la cama, limpiaba el patio, cuidaba del jardín, y todo ello sin decir una sola palabra sobre el asunto que le había llevado hasta allí.

Pasaron tres años. Matajuro seguía trabajando. Cuando pensaba en su futuro, se ponía triste. No había empezado siquiera a aprender el arte al que había dedicado su vida.

Un buen día, estando Matajuro cocinando arroz, Banzo volvió a saltar sobre él sin previo aviso.

Después de aquello, Matajuro tuvo que estar continuamente al acecho, durante el día y durante la noche, para defenderse de estas repentinas estocadas. En ningún momento dejaba de pensar en el temple de la espada de Banzo.

Aprendió tan rápidamente que su maestro no pudo evitar esbozar una sonrisa. Matajuro se convirtió en el más grande espadachín sobre la tierra.

92. El zen del atizador de fuego

Hakiun solía hablar a sus pupilos de una vieja dama, propietaria de un salón de té, cuya comprensión del zen era digna de encomio. Los monjes, sin embargo, se negaban a creer lo que les contaba su maestro, y finalmente decidieron ir al salón de té para averiguar la verdad por sí mismos.

Hubiesen ido cuando hubiesen ido, a la mujer le habría bastado una ojeada para saber si venían realmente a tomar el té o si bien pretendían meter sus narices en el asunto de su clara visión del zen. En el primer caso, les habría atendido cortésmente. En el segundo, les haría señas para que se acercasen detrás del biombo, y una vez allí les golpearía sin piedad con un atizador de fuego.

Nueve de los diez monjes no pudieron escapar a su castigo.

93. El zen del cuentista

Encho era un famoso narrador de historias. Sus cuentos de amor conmovían el corazón de sus oyentes. Cuando relataba lances de guerra, era como si los que le escuchaban estuviesen ellos mismos en el campo de batalla.

Un día, Encho se encontró con Yamaoka Tesshu, un antiguo laico que casi había abrazado la maestría del zen. «Tengo entendido», le dijo este, «que eres el mejor cuentista de la comarca y que puedes hacer que la gente ría o llore a voluntad. Me gustaría que me contases la historia del Niño-Melocotón. Cuando yo era pequeño, mi madre solía relatarme esa leyenda en la cama, y yo me quedaba dormido en medio de la narración. Quiero que me la cuentes exactamente como lo hacía ella».

Encho no se atrevió a intentarlo en aquel momento, pues, aunque conocía la historia, le faltaban algunos detalles. Pidió a Yamaoka que lo dejase algún tiempo para prepararla. Varios meses después fue a verlo de nuevo y le dijo: «Dame ahora la oportunidad de contarte la historia».

«Algún otro día», respondió Yamaoka.

Decepcionado, Encho siguió estudiando y lo intentó de nuevo. Yamaoka la rechazó varias veces más. Cuando Encho empezaba a hablar, le interrumpía en el acto diciendo: «No eres aún como mi madre».

Cinco años pasaron antes de que el cuentista fuese capaz de narrar la historia a Yamaoka como su madre se la había contado. Fue así como este enseñó el zen a Encho.

94. Excursión de medianoche

Eran muchos los pupilos que practicaban la meditación con el maestro zen Sengai. Uno de ellos solía levantarse por la noche, escalaba el muro del monasterio y marchaba a divertirse a la ciudad.

En cierta ocasión, yendo de inspección por los dormitorios, Sengai descubrió que faltaba uno de los monjes. Encontró también el taburete del que se servía el fugitivo para escalar el muro. Sengai lo quitó entonces de su sitio y ocupó su lugar.

Cuando el monje volvió, creyendo que se apoyaba en el taburete, pisó con fuerza sobre la cabeza del maestro y saltó al patio del monasterio. Al reparar en lo que había hecho, se quedó horrorizado.

Sengai le dijo: «Hace bastante frío a estas horas. Ten cuidado, no vayas a coger un constipado».

Después de este incidente, el monje no volvió a salir nunca por las noches.

95. Una carta para un moribundo

Estando uno de sus discípulos a punto de morir, Bassui le escribió la siguiente carta:

«La esencia de tu mente es innata, y por eso nunca morirá. No es una cosa material, las cuales son siempre perecederas. No es un vacío, que es mera nada. No tiene forma ni color. No goza de placeres ni sufre penas.»

«Sé que estás muy enfermo. Como un buen estudiante de zen, te enfrentas cara a cara a tu mal. Puede que no sepas exactamente quién es el que sufre, pero la cuestión es: ¿Cuál es la esencia de esta mente? Piensa solo en eso. No tendrás necesidad de más. Mata en ti todo deseo. Tu fin, que no tiene fin, es como un copo de nieve disolviéndose en el aire puro».

96. Una gota de agua

Un maestro Zen llamado Gisan pidió a un joven estudiante que le trajese un cubo de agua para enfriar su baño.

El estudiante obedeció. Vertió el agua en la tina hasta alcanzar la temperatura deseada, y entonces tiró al suelo la poca que sobraba.

«¡Zopenco!», le increpó el maestro. «¿Por qué no aprovechaste el resto para regar las plantas? ¿Con qué derecho te atreves a desperdiciar aunque sea una sola gota de agua en este monasterio?».

El joven estudiante realizó el zen en ese instante. Cambió su nombre por el de Tekisui, que significa «una gota de agua».

97. Enseñando lo fundamental

Antaño, hace ya muchos años, se utilizaban en el Japón cierta clase de linternas hechas de papel y bambú, con una vela en su interior. Un hombre ciego, que había ido a visitar a un amigo por la noche, recibió de este una de esas linternas para que hiciese el camino de vuelta a casa.

«¿Para qué quiero yo una linterna?», inquirió el ciego. «Oscuridad y luz son para mí la misma cosa».

«Sé que no necesitas una linterna para encontrar el camino», replicó el amigo, «pero si no la llevas, algún otro podría tropezar contigo, así que es mejor que la cojas».

El ciego partió con la linterna de la mano, pero apenas se había alejado un corto trecho cuando chocó de frente con alguien. «¡Mira por dónde andas!», le gritó al desconocido. «¿Es que no ves la linterna?».

«Tu linterna se ha apagado, hermano», respondió el hombre.

98. Desapego absoluto

Kitano Gempo, abad del monasterio de Eihei, murió en 1933 a la edad de noventa y dos años. Su vida entera fue un constante esfuerzo por irse desapegando gradualmente de todas las cosas. Cuando contaba veinte años y era un monje mendicante, se encontró en el camino con un vagabundo aficionado a filmar tabaco. Caminaban juntos por un sendero a través de las montañas y decidieron sentarse a descansar un rato bajo un árbol. Allí, su acompañante ofreció a Kitano algo de tabaco, cosa que este aceptó, pues confiaba en poder burlar así el hambre que tenía.

«¡Qué agradable resulta fumar!», comentó. El vagabundo le regaló entonces una pipa y un poco de tabaco, tras lo cual reemprendieron la marcha. Poco después, sin embargo, Kitano pensaba para sus adentros: «Estas cosas tan agradables pueden ser perniciosas para la meditación. Será mejor que me detenga antes de que esto vaya demasiado lejos». Y arrojó lejos de sí la pipa y el tabaco.

Al cumplir los veintitrés años, Kitano abordo el estudio del *I Ching*, la más profunda doctrina del universo[60]. Había llegado el invierno y necesitaba urgentemente algunas ropas para abrigarse, de forma que escribió a su maestro, que residía a cincuenta *ti* de distancia, pidiéndole ayuda. Entregó la carta a un viajero para que la hiciese llegar a su destino. Pero casi el invierno entero había pasado y Kitano seguía sin recibir las ropas, ni siquiera una contestación. Consultó entonces el *I Ching*, que enseña también el arte de la adivinación, para averiguar si su carta se había extraviado en el camino. Poco después recibía la confirmación de que así había sido, al llegarle una carta firmada por su maestro en la que no se hacía mención alguna de su solicitud.

«Si continúo estudiando el *I Ching* con tanto fervor», se dijo entonces Kitano, «puede que descuide la meditación». De forma que aban-

---

[60] El *I Ching* o *Libro de las Mutaciones* es la obra más antigua de China, remontándose su redacción a principios del tercer milenio antes de Cristo. Una versión de esta obra puede verse en esta misma colección de Editorial Edaf.

donó esa maravillosa enseñanza y no volvió a recurrir jamás a su poder.

A la edad de veintiocho años, estudió caligrafía china y poesía. Alcanzó una gran destreza en estas artes, recibiendo los encendidos elogios de su maestro. Pero Kitano pensó: «Si no me detengo ahora, me convertiré en un poeta, no en un maestro zen». Abandonó sus estudios y desde entonces no volvió a escribir un solo verso.

99. El vinagre de Tosui

Tosui fue el maestro zen que rompió con el formalismo monástico y se fue a vivir bajo un puente con unos pordioseros. Cuando era ya muy viejo, un amigo le procuró una forma de ganarse la vida sin necesidad de mendigar. Enseñó a Tosui cómo recolectar arroz y elaborar vinagre a partir de él, actividad a la que se dedicaría el maestro el resto de su vida.

Cierto día, mientras estaba trabajando, uno de los pordioseros vino a visitarlo y le regaló un retrato del Buda. Tosui lo colgó de la pared de su choza y escribió una nota debajo. La nota decía:

«Señor Buda Amida: ¡Este cuarto es tan estrecho!... Puedo permitirte que te quedes aquí algunos días, pero no vayas a pensar por eso que estoy pidiéndote que me hagas renacer en tu paraíso»[61].

100. El templo del silencio

Schoichi era un maestro zen cuyo único ojo centelleaba con la luz del esclarecimiento. Enseñaba a sus discípulos en el templo de Tofuku.

Día tras día el templo entero permanecía sumido en el más absoluto silencio. Ningún sonido turbaba aquella calma.

Hasta la misma recitación de los sutras fue abolida por el maestro. Sus pupilos no tenían nada que hacer sino meditar.

Cuando Schoichi murió, un antiguo vecino oyó el repicar de campanas y la recitación de los sutras. Supo entonces que el maestro había fallecido.

---

[61] *Shukavati*, el paraíso del Oeste. Alusión a la escuela de la Tierra Pura.

101. El zen del Buda

El Buda dijo: «Considero la condición de reyes y gobernantes como meras motas de polvo. Contemplo sus tesoros de oro y piedras preciosas como si fueran un montón de ladrillos y guijarros. Las más finas túnicas de seda me parecen mugrientos harapos. Veo las miradas de mundos de este universo como las semillas de un fruto, y el lago más grande de la India es una gota de aceite en mi pie. Concibo las diferentes enseñanzas sobre la tierra como vanas ilusiones de magos. La más alta concepción de la emancipación se me presenta en el áureo brocado de un sueño, y observo el sagrado sendero de los iluminados como flores que brotan de sus ojos. Veo la meditación como el pilar de una montaña, el *nirvana* como una pesadilla diurna. Me imagino el juicio sobre el bien y el mal como la danza sinuosa de un dragón, y los ortos y ocasos de las creencias como meros vestigios dejados por las cuatro estaciones».

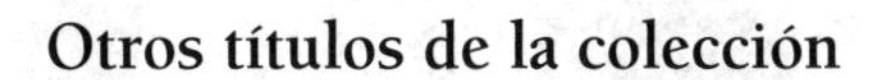

Otros títulos de la colección

El *Lie Tse* es una recopilación de historias, meditaciones y enseñanzas de un sabio eremita del mismo nombre, que vivió en el siglo IV a. C. Los temas que aborda abarcan desde el origen y el propósito de la vida, la visión taoísta de la realidad o el entrenamiento de la mente y el cuerpo, así como cuestiones y problemas de la vida cotidiana.

En la historia de la humanidad son muy pocos los libros que han ejercido tanta influencia sobre más personas y durante más tiempo que el *Luen Yu* o *Analectas* de Confucio.